NOTICE

SUR

LA COLONIE DU SÉNÉGAL

ET SUR LES PAYS

QUI SONT EN RELATION AVEC ELLE.

NOUVELLES ANNALES DES VOYAGES,

DE LA GÉOGRAPHIE ET DE L'HISTOIRE,

SIXIÈME SÉRIE, RÉDIGÉE

PAR M. V. A. MALTE-BRUN,

SECRÉTAIRE ADJOINT DE LA COMMISSION CENTRALE DE LA SOCIÉTÉ DE GÉOGRAPHIE DE PARIS,
MEMBRE CORRESPONDANT DE LA SOCIÉTÉ IMPÉRIALE GÉOGRAPHIQUE DE RUSSIE,
MEMBRE DE LA SOCIÉTÉ GÉOGRAPHIQUE DE BERLIN,
MEMBRE CORRESPONDANT DE LA SOCIÉTÉ ROYALE GÉOGRAPHIQUE DE LONDRES,
MEMBRE CORRESPONDANT DE LA SOCIÉTÉ I. R. GÉOGRAPHIQUE DE VIENNE, ETC.

avec la Collaboration

DE PLUSIEURS SAVANTS ET DE MEMBRES DE L'INSTITUT.

Il paraît régulièrement le premier de chaque mois un cahier de 8 à 9 feuilles; les 12 cahiers réunis forment 4 beaux volumes in-8° ornés de cartes, vues et plans.

Cette nouvelle série comprend, dans chaque cahier:

1° Une ou plusieurs relations inédites et des mémoires originaux, accompagnés de cartes ou de plans toutes les fois que le sujet l'exige.

2° L'analyse et des extraits ou des traductions partielles d'un ou de plusieurs ouvrages récents, français ou étrangers;

3° Un choix nombreux et varié de nouvelles géographiques présentant l'ensemble du mouvement géographique du mois; et d'articles divers, de notices, etc., parmi les plus piquants et les plus remarquables publiés par les recueils et par les journaux français, ou par les revues étrangères;

4° Le compte rendu des travaux de toutes les sociétés savantes de l'Europe en ce qui se rapporte aux sciences géographiques;

5° Une bibliographie très-complète de toutes les publications géographiques du mois.

Pour Paris.	30 fr.
Pour les départements	36 fr.
Pour l'étranger.	42 fr.

Nota. On ne peut pas souscrire pour moins d'une année, qui doit toujours commencer avec le mois de janvier.

Les **NOUVELLES ANNALES DES VOYAGES**, une des plus anciennes revues scientifiques publiées en France, est la seule qui soit exclusivement consacrée aux sciences géographiques et historiques. Créées en 1808 par *Malte-Brun*, elles ont toujours continué à paraître sans interruption jusqu'à ce jour.

Chaque année forme 4 forts volumes in-8° et un ouvrage complet qui représente fidèlement le mouvement des nouvelles, ainsi que des explorations géographiques de l'année.

Des cartes spéciales, exécutées avec le plus grand soin, tiennent toujours le lecteur au courant des changements et des découvertes les plus récentes.

Paris. — Imprimé par E. Thunot et Cᵉ, 26, rue Racine.

NOTICE

SUR

LA COLONIE DU SÉNÉGAL

ET SUR LES PAYS QUI SONT EN RELATION AVEC ELLE.

PAR M. L. FAIDHERBE,
COLONEL DU GÉNIE, GOUVERNEUR DU SÉNÉGAL,
MEMBRE DE LA SOCIÉTÉ DE GÉOGRAPHIE DE PARIS.

PARIS.
ARTHUS BERTRAND, ÉDITEUR,
LIBRAIRE DE LA SOCIÉTÉ DE GÉOGRAPHIE,
21, RUE HAUTEFEUILLE.

1859

NOTICE

SUR

LA COLONIE DU SÉNÉGAL

ET SUR LES PAYS

QUI SONT EN RELATION AVEC ELLE.

Le Sénégal est un fleuve du Soudan occidental, qui prend sa source dans le Fouta-Dialon, et qui vient se jeter, après 400 lieues de cours, dans l'océan Atlantique, par 15° 50′ de latitude nord.

Nous appelons Soudan occidental les pays baignés par le Sénégal, parce que, du moment où l'on adopte le mot arabe *Soudan* pour désigner le pays des noirs (les Arabes disent *Bled-es-Soudan*, mot à mot le pays des noirs), nous ne voyons pas pourquoi on en détacherait la partie que les géographes européens ont appelée *Sénégambie*, qui ne forme une contrée à part ni sous le rapport ethnologique, car elle renferme les mêmes races que le bassin du Niger ou Soudan central, ni sous le rapport politique, car, si quelques points sur le Sénégal appartiennent aux Français, et quelques autres sur la Gambie aux Anglais, les pays intermédiaires ou voisins renferment une foule d'États indépendants des Européens et indépendants les uns des autres. Du reste, les noms Sénégal et Gambie sont eux-mêmes d'invention européenne : le Sénégal a d'abord été appelé Zénéga par les navigateurs, du nom de la peuplade berbère Zénaga, qui habite sa rive droite.

Ce fleuve est navigable, en toute saison, pour les bâtiments calant 12 pieds d'eau jusqu'à Richard-Toll, à 30 lieues de son embouchure; et, pour les bâtiments calant 8 pieds d'eau, jusqu'à Mafou, à 90 lieues de son embouchure; et, pendant les mois d'août, septembre, octobre et novembre, il est navigable pour les bâtiments calant 12 pieds d'eau jusqu'à Médine, près des cataractes du Félou, à 250 lieues de son embouchure. Dans les mois d'août, septembre et octobre, son affluent, la Falémé, est navigable sur une longueur de 40 lieues au moins, pour des bâtiments calant 6 pieds.

Le Sénégal sépare la partie méridionale du Sahara, parcourue par des peuples nomades et pasteurs, du pays des noirs, qui sont sédentaires et cultivateurs. Les Français, depuis le seizième siècle au moins, ont des établissements sur ce fleuve. Jusqu'en 1758, ces établissements furent la propriété de compagnies commerciales; leur principal commerce était la traite des noirs. De 1758 à 1779, le Sénégal resta entre les mains des Anglais. A partir de cette dernière époque, la colonie fut administrée par des gouverneurs nommés par le roi. En 1809, le Sénégal tomba de nouveau au pouvoir des Anglais.

En 1817, il fut rendu à la France. *La Méduse*, dont le naufrage est si tristement célèbre, portait les fonctionnaires et les troupes, qui allaient reprendre le Sénégal des mains des Anglais.

Depuis cette époque, ce pays est administré par des gouverneurs.

De 1784 à 1809, les gouverneurs titulaires du Sénégal ont été : MM. Dumontel, le comte de Repentigny, le chevalier de Boufflers, maréchal de camp, le chevalier de Blanchot, général d'infanterie.

Et depuis 1817 : MM. Schmaltz, colonel d'infanterie; le baron Lecoupé, capitaine de vaisseau; le baron Roger, avocat; Jubelin, commissaire principal de la marine; Brou, capitaine de vaisseau; Renault de Saint-Germain, chef de bataillon d'infanterie de marine; Pujol, capitaine de frégate; Malavois, officier de marine en retraite; Soret, officier de marine en retraite; Charmasson, capitaine de vaisseau; Montagniès de la Roque, capitaine de vaisseau; le comte Bouet-Willaumez, capitaine de corvette; Ollivier, capitaine de vaisseau en retraite; le comte Bourdon de Gramont, capitaine de corvette; Baudin, capitaine de vaisseau; Protet, capitaine de vaisseau; FAIDHERBE, colonel du génie, le 16 décembre 1854.

L'importance du commerce du Sénégal monte à une valeur annuelle de 10 à 12,000,000 de francs, importations et exportations réunies.

On en tire les gommes les plus estimées, des arachides de qualité supérieure et d'autres oléagineuses entre autres les graines d'un certain melon, dont la production augmente considérablement depuis quelques années, des cuirs, des bœufs de travail pour les Antilles, de l'ivoire, de l'or, des bois de construction (courbes de navire), différentes espèces de mil qui pourraient être distillées pour la fabrication d'alcools. L'indigo et le coton y croissent partout, mais ne sont utilisés que par les indigènes pour leur usage particulier.

Aucun navire étranger ne peut entrer dans le Sénégal, mais la colonie peut introduire, par bâtiments français, de nombreux produits étrangers pour son commerce intérieur d'échange. Entre autres, elle tire les armes et la poudre d'Angleterre et de Belgique, l'ambre jaune d'Allemagne, et les guinées (toiles bleues de coton) de l'Inde.

Voici le tableau du commerce pour l'année 1856 :

SÉNÉGAL (Saint-Louis).

	NOMBRE de navires.	TONNAGE.	ÉQUIPAGES.
Navires français.	139	23.014	1,444
Caboteurs de la colonie. . .	40	2,780	310
Navires et embarcations employés à la navigation intérieure du fleuve. . . .	393	3,375	2,555
Navires étrangers apportant du charbon pour le gouvernement.	18	2,808	183
Totaux.	590	31,977	4,492

Les importations ont été comme suit :

Marchandises françaises venant	de France.	3,574,428 f.	7,672,841	11,206,179
	des colonies françaises.	450,719		
Marchandises étrangères.		3,647,694		

Les exportations se sont composées de :

Marchandises du cru de la colonie . .	3,204,454 f.	3,533,338	
Idem provenant de l'importation.	328,884		

Le mouvement d'entrepôt compris dans les importations et exportations s'est ainsi réparti :

Marchandises entrées en entrepôt.		2,040,071 f.	3,967,591
Marchandises sorties des entrepôts	pour la consommation.	1,781,849	
	pour l'extérieur.	145,671	

Les points que nous occupons augmentent depuis quelques années de nombre et d'importance.

La colonie est divisée en deux arrondissements.

L'arrondissement du bas du fleuve, comprenant la partie dans laquelle on peut pénétrer par eau en toute saison et qui s'étend jusqu'à une centaine de lieues de l'embouchure, et l'arrondissement du haut du fleuve, qui comprend la partie située au delà, et qui se trouve abandonnée à elle-même de décembre en juillet.

Dans le bas du fleuve se trouve la ville de Saint-Louis, dans une île, à 4 lieues de son embouchure actuelle (cette embouchure se déplace souvent de plusieurs lieues), et, malgré cela, sur le bord de la mer, parce que le fleuve n'en est séparé que par une langue de sable de 150 mètres de largeur.

Saint-Louis est la plus belle ville de toute la côte occidentale d'Afrique. Elle renferme plus de 400 maisons en maçonnerie de briques, à terrasses, et la plupart à galeries, et près de 4,000 cases en paille habitées par les noirs. Le nombre des constructions s'accroît d'année en année; les édifices publics ne laissent rien à désirer. La ville n'est pas fortifiée, mais par sa position elle n'est guère attaquable.

Une batterie, placée sur le bord de la mer, la protége contre une canonnade du large.

Autour de Saint-Louis, à 5 lieues à la ronde, se trouvent des villages directement placés, depuis deux ans, sous l'administration française; puis au delà, sur la rive gauche, vient le pays du Oualo, d'une superficie de 400 lieues carrées, annexé à nos possessions en 1855, et dans lequel nous avons les postes de Dagana, Richard-Toll, Mérinaghen, Lampsar, des tours de gardes et des blockhaus.

Enfin, en remontant le fleuve, on trouve, à 65 lieues de l'embouchure, le poste et la ville de

Podor, importants sous le rapport du commerce.

Dans le haut du fleuve, le chef-lieu est Bakel, bien fortifié et très-commerçant, à 210 lieues de l'embouchure. Les postes qui en dépendent sont : Matam, à 45 lieues plus bas, Médine, à 40 lieues plus haut, et Sénoudébou, sur la Falémé, à 15 lieues du confluent.

L'occupation de Kéniéba, dans le Bambouk, pour l'exploitation des riches mines d'or de ce pays, a eu lieu en 1858, et l'on doit créer un poste intermédiaire entre Matam et Podor, pour compléter le système de domination du fleuve.

Voici le tableau de la population des établissements français dans le Sénégal au 1er janvier 1858.

Arrondissement de Saint-Louis : 28,554 *habitants.*

Saint-Louis.		12,081	(1)
Faubourgs de Saint-Louis.	Guet-Ndar	1,336	(1)
	Ndar-Toute	300	
	Bouëtville	331	
Banlieue de Saint-Louis.	Leybar et Sor	118	
	Gandon	600	(2)
	Ndiében	300	(2)
	Ngalel	300	(2)
	A reporter	15,386	

(1) Les nombres, pour Saint-Louis et Guet-Ndar, sont ceux du 1er janvier 1857. On n'y a pas fait de nouveau recensement en 1858. On n'a pas non plus calculé le mouvement de la population d'après l'état civil ; cela donnerait des nombres inexacts, car le chiffre des décès dépasse de beaucoup le chiffre des naissances à Saint-Louis, pour les indigènes, et le niveau de la population ne se maintient que par les étrangers indigènes qui viennent chaque année se fixer à Saint Louis.

(2) Les villages de Gandon, Ngalel et Ndiében, forment ce qu'on appelle le Toubé ; ils payent encore des tributs au roi du Cayor, mais

	Report	13,586
Banlieue de Saint-Louis.	Les trois Dialakar	1,000
	Menguey et Guémoy	300
	Maka-Diama	96
	Tionq	20
	Mboio	15
	Ndiago	50
Tribu Poul		1,022
Tribu Maure des Ouled-Bou-Ali		1,322
Oualo		6,100 (1)
Dagana		1,538
Mérinaghen		291
Richard-Toll		362
Lampsar		136
Podor		916

Arrondissement de Bakel : 3,738 habitants.

Bakel	2,495
Arondou (Makhana)	600 (2)
Médine	89
Sénoudébou	334
Matam	20
Troupes indigènes	250
Marins et employés indigènes	800
Militaires, marins et employés européens et leurs familles	1,392
TOTAL	34,734

ils ne reconnaissent plus que notre autorité. Nous n'avons pas porté, sur ce tableau, les trois villages de Gandiole : Mouit, Ndiol et Ndiében, qui, bien qu'appartenant au roi du Cayor, sont entièrement soumis à notre influence et à notre police.

(1) Deux cercles du Oualo, ceux du Lampsar et de Mérinaghen, sont encore déserts. Les habitants sont réfugiés dans le Ndiambour, province du Cayor.

(2) La population de Makhana a été transportée cette année à Arondou, au confluent de la Falémé avec le Sénégal.

En 1854, la population n'était que de 17,466; depuis lors, ont été annexés aux possessions françaises les villages sous nos postes qui en étaient indépendants, la banlieue de Saint-Louis et tout le Oualo.

La force armée de la colonie se compose, en ce moment, de cinq compagnies d'infanterie de marine, de deux compagnies de tirailleurs indigènes, d'une compagnie d'artillerie de la marine, avec une section d'auxiliaires noirs pour le service des transports, d'un détachement d'ouvriers d'artillerie de la marine, d'un détachement de sapeurs du génie, d'un escadron de spahis français et indigènes, de deux cents laptots ou agents armés dans les postes, de deux compagnies de milice à Saint-Louis, et de douze bâtiments armés en guerre, dont six avisos à vapeur et trois canonnières à hélice, montés par des équipages noirs (laptots) nombreux et aguerris.

Outre ces forces permanentes, la ville de Saint-Louis et les villages sous nos postes nous fourniraient, au besoin, 3,000 volontaires armés et courageux. Un millier d'entre eux prend part à toutes nos expéditions de guerre.

Toutes les populations du Sénégal, à l'exception des tribus de marabouts maures, sont guerrières. Il est rare de rencontrer dans ce pays un homme qui n'ait pas son fusil sur l'épaule.

Depuis le ministère de M. Ducos, le département de la marine s'est beaucoup intéressé à la colonie du Sénégal; et les ressources qu'il a libéralement mises à sa disposition ont permis d'étendre, d'améliorer et d'organiser nos possessions. On peut en juger par le résumé suivant de ce qui a été fait depuis 1854.

1854. — Prise de possession de Podor et construction du fort.

Construction du pont et de la route de Leybar pour communiquer avec le Cayor.

Construction d'un magasin à poudre à l'épreuve de la bombe, de la contenance de 40,000 kilogrammes.

Construction de vastes prisons civiles à Saint-Louis.

Achèvement d'une caserne de cavalerie.

Création du village de Bouëtville.

Suppression des coutumes payées au Fouta.

Envoi au Sénégal d'une brigade de gendarmerie.

1855. — Occupation de Médine et construction d'un poste fortifié.

Annexion des villages de Bakel et de Dagana.

Fondation de l'école des otages.

Occupation de la banlieue de Saint-Louis.

Conquête du Oualo.

Fondation de la banque du Sénégal.

Création d'une imprimerie du gouvernement.

Plantations à Saint-Louis.

Création d'un centre commercial à Podor.

Construction d'un pont sur la Taouey.

Construction du marché de l'Ouest à Saint-Louis.

Organisation des transports militaires pour les expéditions.

Création du marché de l'Est pour les produits du Cayor.

Suppression des coutumes payées par le gouvernement aux Trarza et aux Brakna.

Suppression des coutumes payées au Gadiaga et au Bondou.

1856. — Occupation du Toubé annexé à la banlieue de Saint-Louis.

Construction de pavillons et de casernes à Bakel.

Création d'une pépinière sur la Taouey.

Tenue de l'état civil pour les noirs à Saint-Louis.

Fondation du *Moniteur officiel du Sénégal*.

Construction d'une minoterie à vapeur à la pointe du Nord (Léon Rey et Ce).

Interdiction de la mendicité à Saint-Louis.

Nombreuses concessions de terrains à Saint-Louis et dans les postes.

Création d'une salle d'asile par les sœurs de Saint-Joseph de Cluny.

Construction de plusieurs tours de garde pour la sûreté des environs de Saint-Louis.

1857. — Occupation de Matam et construction de vive force d'un poste fortifié.

Construction d'un pont, de Saint-Louis à Guet-Ndar.

Création d'un bataillon de tirailleurs sénégalais, armés de fusils à deux coups,

Construction d'un pavillon d'officiers à Podor.

Création d'un tribunal musulman à Saint-Louis.

Fondation du cercle de Saint-Louis.

Suppression des coutumes que le gouvernement payait au roi du Cayor, et règlement des droits de sortie qu'il perçoit sur les produits de son pays.

Suppression des coutumes que le gouvernement payait au roi des Douaïch, et règlement du droit que ce dernier tire de l'exportation des gommes de son pays.

Nombreuses plantations à Saint-Louis, à la Taouey et dans les postes.

Reconstruction de l'hôpital de la marine.

Construction d'un hôtel de l'administration.

Agrandissement de la direction d'artillerie.

Agrandissement de la direction du port.

Création d'une école primaire, plus particulièrement suivie par les jeunes musulmans à Saint-Louis.

Création d'une école primaire à Dagana.

Arrêté pour la surveillance des écoles de marabouts.

Organisation du corps des interprètes.

Mesures de police sur la navigation du fleuve.

Le Sénégal est exclusivement régi par des décrets et des arrêtés locaux.

Il figure au budget de l'État (1856) pour une somme de 727,400 fr.

SAVOIR :

Personnel.	339,000 fr.
Matériel.	138,900
Subvention au service local.	249,500
	727,400 fr.

La colonie dispose en outre de 250,000 fr. de recettes locales.

Il y a, à Saint-Louis, un préfet apostolique et un clergé appartenant à la congrégation du Saint-Esprit et du Sacré-Cœur de Marie, un tribunal de première instance, une cour impériale, une cour d'assises, deux conseils de guerre permanents, un conseil de révision et un tribunal musulman.

Des sœurs de Saint-Joseph de Cluny tiennent l'hôpital, une école de demoiselles et une salle d'asile.

Les frères de Ploërmel ont une école de garçons.

Il y a, en outre, une école primaire et une école libre d'enfants à Saint-Louis, et une école primaire à Dagana.

Nous allons maintenant passer en revue tous les pays avec lesquels sont en relation nos établissements du Sénégal, et, pour plus de clarté, nous en classerons d'abord les habitants par races.

RACES BLANCHES.

On trouve, sur la rive droite du Sénégal, comme en Algérie, deux races blanches distinctes : la race berbère et la race arabe.

Berbers.

La première race blanche qui peupla l'Afrique septentrionale fut la race que nous désignons aujourd'hui sous le nom de *berbère.*

D'après les opinions recueillies et transmises par divers auteurs, tels que saint Augustin, Ibn Khaldoun, Léon, tous trois Africains, cette race serait issue de Cham, fils de Noé, et ne serait pas sémitique, comme les Arabes et les Juifs.

Mais si l'on tient compte du peu de raisons sérieuses données à l'appui de cette assertion, et de la tendance forcée qu'ont la plupart des écrivains à rapporter toutes les origines aux personnages de leurs livres saints, on pourrait douter de la descendance chananéenne attribuée par les Arabes à cette race, et se demander pourquoi elle ne serait pas la race aborigène de ce vaste et beau plateau de l'Atlas.

Il est vrai qu'Ibn Khaldoun, écrivain arabe du quatorzième siècle et historien de la race berbère, dit, d'après la tradition, que l'Afrique septentrionale était déserte avant l'immigration de ces nations chananéennes ; mais ce ne sont là que des traditions, et l'on peut en croire ce que l'on voudra.

Quant au nom *Berber*, sous lequel les Arabes les ont désignés, et que nous avons adopté de nos jours, faute d'un nom générique admis par cette race elle-même, quelques-uns pensent que ce nom n'est que l'épithète de barbares, que les Romains donnèrent à ces peuples, comme à tous les autres peuples étrangers, à cause de leur état social ; de même que les Grecs désignèrent une partie d'entre eux par l'épithète *Numides* (nomades), à cause de leur genre de vie pastorale. Quoi qu'il en soit, cette race avait et a encore une langue à elle, unique, quoique renfermant plusieurs dialectes. Elle se partageait en plusieurs nations divisées elles-mêmes en un grand nombre de tribus. Elle n'a laissé aucun monument écrit, et il est très-probable qu'elle n'avait pas d'écriture.

Elle occupait déjà l'Afrique septentrionale avant que les Phéniciens, les Égyptiens, les Grecs, les Romains et les Germains vinssent créer des établissements plus ou moins puissants, plus ou moins durables sur les côtes.

Son ancienneté, dans ce pays, remonte au delà des documents historiques. Ibn Khaldoun se borne à ces vagues renseignements sur son passé :

« Toute l'Afrique septentrionale, jusqu'au pays des noirs, a été habitée par la race berbère, et cela, depuis une époque dont on ne connaît ni les événements antérieurs, ni le commencement. »

Il dit ailleurs : « Tous les faits que nous avons cités dans notre histoire prouvent que les Berbers ont toujours été un peuple puissant, redoutable, brave et nombreux, un vrai peuple comme tant d'autres dans le monde, tels que les Arabes, les Persans, les Grecs et les Romains. »

Les deux nations les plus célèbres de la race berbère étaient les Zénata et les Zénaga (que les Arabes ont écrit Sanhadja).

Les Zénaga s'étaient étendus dans les régions du sud du Maroc jusqu'au Sénégal, dont les deux rives étaient alors habitées par les noirs. Nomades braves et farouches, ils parcouraient ces contrées brûlantes avec leurs chameaux, qui faisaient leur principale richesse, et trafiquaient avec les noirs. à qui ils achetaient de l'or et des esclaves, en échange de leurs chevaux et du sel gemme qu'ils apportaient de divers points du Sahara.

S'il est vrai que les chameaux, originaires de l'Arabie, n'aient été introduits en Afrique que dans le troisième siècle de notre ère, les pérégrinations des Zénaga vers le sud ne remonteraient tout au plus qu'à cette époque, car la vie nomade est impossible dans ces contrées sans le chameau.

Dans le cinquième siècle de l'hégire (onzième siècle de notre ère), les Zénaga, des bords du Sénégal (fleuve auquel nous avons donné leûr nom, et que les écrivains arabes ont confondu avec le Niger, sous le nom de Nil des noirs) jouèrent un grand rôle dans le monde.

Ils formèrent la secte des Almoravides (*el morabetin*, mot dont les navigateurs et commerçants du Sénégal ont fait *marabouts*), et, poussés par l'enthousiasme religieux, ils remontèrent vers le nord, se grossirent de nombreux adeptes et fondèrent, sous le célèbre Youcef-ben-Tachfin le Sénégalais de la tribu des Lemtouna, l'empire Almo vide, qui comprit toute la Berbérie (États barbaresques), le Sahara, les îles Baléares, la Sicile et la moitié de l'Espagne.

En même temps, ils se mirent à faire la guerre sainte tout le long du Sénégal et du Niger, contre les noirs fétichistes, les convertirent en partie, refoulèrent ceux qui résistaient, et fondèrent, chez ceux qui se firent musulmans, quelques colonies fixes, qui devinrent les centres de commerce les plus importants du Soudan.

La puissance des Almoravides ne dura en Afrique que jusque dans le septième siècle de l'hégire (treizième siècle de notre ère). Depuis lors, les nombreuses fractions dans lesquelles se divisa la nation zénaga eurent les destinées les plus diverses, comme nous le verrons en passant en revue les populations qui occupent aujourd'hui la rive droite du Sénégal.

Arabes.

Après le législateur Mohammed (dans le septième siècle de notre ère), les Arabes envahirent l'Afrique septentrionale, conquirent la Berbérie sur les Romains du Bas-Empire qui y dominaient, subjuguèrent et convertirent la plus grande partie des tribus berbères, et prirent pied dans ces belles et vastes contrées. Ils furent renforcés, dans les siècles suivants, par des invasions successives, et finirent par se partager tout le pays, qui, autrefois, n'avait, dans l'intérieur, d'autres habitants que les Berbers. Parmi ceux-ci, les uns se soumirent et se mêlèrent aux vainqueurs, pour faire avec eux la conquête de l'Espagne, les autres se dispersèrent et furent refoulés dans les lieux les plus inaccessibles, soit par leur latitude, soit par leur altitude ; mais leur fuite dans le sud ne les mit pas à l'abri de la poursuite des Arabes, qui supportaient au moins aussi bien qu'eux la rude vie du désert, et, aujourd'hui, les habitants de l'Afrique septentrionale, depuis le littoral de la Méditerranée jusqu'au pays des noirs, sont à peu près, par parties égales, d'origine berbère et d'origine arabe.

Entre autres invasions, il y en eut une très-importante vers le milieu du cinquième siècle de l'hégire (onzième siècle de notre ère). Elle se composait principalement des tribus arabes de Hilal et de Soleim. Avec elles se trouvait la tribu de Makil, tribu hymiérite ou de l'Yémen, et, par suite, ne descendait pas d'Ismaïl, fils de Jacob; cette tribu, peu nombreuse au moment de l'invasion, se multiplia par la suite, au point de devenir une des plus puissantes de l'Afrique occidentale. Les Makil se divisèrent en trois fractions: les Beni-Obeïd-Allah, les Beni-Mansour et les Beni-Hassan. Ces derniers, nomades par excellence, s'étendirent dans les régions sablonneuses du désert jusqu'aux lieux qu'habitaient les Zénaga, affaiblis après la chute de la puissance Almoravide, dont ils avaient été les fondateurs, c'est-à-dire dans le septième siècle de l'hégire (treizième siècle de notre ère). Les Arabes Béni-Hassan ou Hassan subjuguèrent les tribus berbères Zénaga, les soumirent à l'impôt, et dominèrent à leur place sur les bords du Sénégal. Ils achevèrent contre les noirs l'œuvre commencée de conversion et de refoulement. Cependant quelques Berbers reprirent le dessus dans le haut du fleuve, comme nous le verrons en parlant de l'État des Douaïch.

Les Arabes des bords du Sénégal parlent un arabe plus ou moins corrompu, suivant les tribus. Les gens instruits connaissent et écrivent correctement leur langue.

RACES NOIRES.

Les noirs se divisent, comme les blancs, en races distinctes, par la teinte plus ou moins foncée de la peau, par les formes du corps ou les traits du visage, et par leur degré d'intelligence. Ces races sont généralement très-mélangées entre elles. Un des meilleurs guides pour les distinguer les unes des autres, ou du moins pour retrouver leurs principales divisions, est l'étude de leurs langues et dialectes.

Bornant nos recherches aux bassins du Sénégal et du haut Niger, nous dirons *à priori* que nous y trouvons trois races bien distinctes : la race poul, la race malinké, à laquelle nous rattachons les Soninké, la race ouolof, à laquelle nous rattachons les Sérer.

Poul (1).

Sous le nom de Peul, Poul, Poular, Foul, Foulah, Foulan, Fellah, Fellatah, Fellan, Fellatin, une race d'hommes brun rougeâtre, aux cheveux à peine laineux, aux traits presque européens, aux formes sveltes (2), à l'intelligence assez développée et sus-

(1) L'Afrique, dans la Genèse, est désignée sous le nom de *Fout;* c'est le nom que les Poul donnent encore aujourd'hui à la plupart des pays qu'ils habitent.

(2) Comme nous le disions un peu plus haut, cette race, comme les autres, est très-mélangée, et ce portrait ne convient qu'à quelques

ceptible de culture, joue aujourd'hui le principal rôle dans la zone africaine, comprise entre les 10ᵉ et 18ᵉ degrés de latitude nord.

S'étant trouvés, par leur position géographique comme par leurs aptitudes intellectuelles, les plus rapprochés des populations blanches musulmanes qui ont envahi le Soudan, ils ont, les premiers, embrassé l'islamisme, fondé des États puissants, tels que le Haoussa, le Macina, le Fouta-Sénégalais, le Bondou, le Fouta-Dialon, et jouent aussi, vis-à-vis des peuples noirs, avec lesquels ils sont en contact, le rôle de convertisseurs à main armée, que les Berbers et les Arabes ont joué vis-à-vis d'eux depuis le onzième siècle de notre ère. Ainsi, l'empire d'Haoussa fut fondé par le marabout conquérant Othman *Fou Dir* (1) au commencement de notre siècle ; le Fouta-Sénégalais actuel est l'œuvre du marabout conquérant Abd-oul-Kader, à la fin du siècle dernier ; l'empire actuel du Fouta-Dialon fut fondé d'une manière analogue, et vers les mêmes temps, par un marabout poul du Haoussa, nommé Alfa-Sidi, qui conquit le pays, sur les Dialonké, ses habitants naturels ; le Macina fut fondé par le marabout con-

individus restés purs de tout mélange avec les noirs proprement dits.

(1) *Fou Dir*, en poul, veut dire savant. Si j'en crois les renseignements qui me sont donnés par les Poul, nos voisins, le fondateur de l'empire Poul de l'Afrique centrale, celui que les voyageurs appellent Danfodio et dont le vrai nom serait Othman Fou Dir, le père enfin du sultan Mohammed Bello, que vit Clapperton, serait un Toucouleur du Fouta-Toro. Le Fouta-Sénégalais serait ainsi le foyer d'où rayonne l'islamisme dans tout le Soudan. Cela nous explique la peine que nous avons à venir à bout de cet État fanatique et guerrier.

quérant cheikh Amadou au commencement de notre siècle, et, de nos jours, le marabout Al-Hadji allait fonder un nouvel empire musulman sur les ruines du Kaarta et de tous les États voisins dans le haut Sénégal, s'il n'était pas venu se briser contre la puissance croissante de la France dans ces régions. Dans les migrations et déplacements causés par ces guerres de conquête religieuse, les Poul se sont mélangés avec leurs captifs ou voisins de race noire. Lorsque, dans une de leurs peuplades, l'élément noir entre dans une proportion notable et même prédominante, la race mélangée est désignée, au *Sénégal*, par le nom de Toucouleur, dont nous ignorons l'origine; tels sont les habitants du Fouta-Sénégalais, du Bondou et du Fouta-Dialon. Par contre, nous avons sur les bords du Sénégal des tribus poul non encore musulmanes, ayant conservé leurs mœurs et leur sang purs de toute influence et de tout mélange étranger. C'est chez elles que nous retrouvons le type poul pur, tel que nous l'avons dépeint plus haut.

L'instinct prédominant des Poul les porte à la vie pastorale; ils s'identifient, pour ainsi dire, avec leurs troupeaux de bœufs; ils sont alors de mœurs très-douces, mais excessivement enclins au vol. Ceux qui ont fondé des États et des villes se livrent à la culture; plus ils sont mélangés de noirs, plus le goût de la culture prédomine. Ils perdent alors leur physionomie spéciale et leur caractère primitif, et ils sont loin de gagner au change.

La langue des Poul purs est douce, harmonieuse, et n'a pas le *kh* arabe, ce qui la distingue essentiellement de toutes les langues de l'Afrique septentrionale sans exception. Nous ne pensons pas qu'elle ait encore été étudiée dans sa pureté par les Européens. Elle mérite de l'être.

Nécessairement, depuis qu'ils sont musulmans, les Poul ont voulu descendre de quelque personnage du Koran. Les marabouts leur ont inventé une généalogie qui les fait descendre d'un nommé Fello-Ben-Hymier, en faisant ainsi un peuple hymiérite, et, pour appuyer leur fable, ils se sont servi de cette circonstance, que le nom arabe *Hymier*, avec un peu de bonne volonté, peut être pris pour le diminutif *haymer* (*rougeot*), expliquant par là la couleur de cette race. Cette hypothèse vaut au moins celle qui les fait descendre d'une légion romaine *égarée dans le Désert*.

Quoi qu'il en soit, il y a de très-curieuses recherches à faire sur cette race. Il ne serait pas impossible que ce fût elle qui habitât l'Égypte au temps de son antique civilisation.

Nègres. — Malinké, Soninké.

Le versant septentrional des pays montagneux où le Niger, le Sénégal et la Gambie prennent leurs sources, renferment au moins une quinzaine d'États (1) plus ou moins considérables, dont les popu-

(1) Ces États sont : Ségou, Kaarta, Bakhounou, Bélédougou, Ouli,

lations parlent les dialectes d'une même langue. Cette langue indique une race d'hommes, et malgré les mélanges de sang les plus compliqués, les divisions territoriales infinies, causés par les guerres et les événements politiques, et les différentes dénominations que prennent les fractions séparées qui parlent ces dialectes, il est nécessaire de les réunir sous une même dénomination. Nous prenons celle de la fraction la plus nombreuse, quoique aujourd'hui elle ne forme pas les États les plus puissants. Ce sont les Mandingues, auxquels nous restituons le nom de Malinké, qui est celui qu'ils se donnent à eux-mêmes (1).

Nous classons donc dans la race malinké les populations du Kaarta et du Ségou, à cause de leur langue. Nous leur rattachons aussi, comme rameau distinct de la même race, les peuplades si disséminées, connues au Sénégal sous le nom de Sarakhollé, et dont le vrai nom est Soninké (2), et nous le faisons à cause des grands caractères de parenté qu'on remarque entre leurs langues respectives.

Les Malinké et les Soninké sont des noirs assez généralement de haute taille, au système muscu-

Kantora, Bambouk, Bar, Niani, Badibou, Sagalia, Kismis, Soulimana, Limba, Timisso, Baléa, etc.

(1) D'après la règle de cette langue, *Mali-nké* veut dire homme de Mali. Or il est question de l'empire de Mali dans les historiens arabes qui ont écrit sur cette partie de l'Afrique au moyen âge.

(2) D'après la règle de la langue sarakhollé qui, ici comme dans une foule d'autres cas, est conforme à celle de la langue mandingue, *Soni-nké* veut dire un homme de Soni; mais la dénomination Soni est perdue, sans laisser de traces, de même que celle de Mali. Étaient-ce des noms de pays ou des noms d'hommes?

laire bien développé, et aux cheveux crépus. Ils ont les traits du nègre, mais non pas au même point que ceux des régions équatoriales et du Congo ; ainsi, on trouve souvent chez eux des visages qui n'ont pour nous rien de désagréable, sans que ce perfectionnement vienne toujours d'un mélange de sang poul.

Les Malinké et les Soninké sont assez guerriers par tempérament, surtout les premiers. Ils sont très-portés à la culture et au commerce. Les Soninké, principalement, sont la race la plus commerçante de l'Afrique occidentale.

Quant à leur origine, comme tous les noirs, ils s'en occupent fort peu, et nous n'en connaissons absolument rien. Quelques écrivains européens et arabes se sont amusés à imaginer que les noirs descendent de Cham, d'autres disent même de Caïn, sans réfléchir qu'ils ne pourraient, en tout cas, descendre de Caïn qu'au même degré que tous les autres hommes, c'est-à-dire par Noé.

Ouolof. — Sérer.

Les vastes plaines d'alluvions comprises entre le Sénégal, la Falémé et la Gambie, sont le berceau d'une race noire bien distincte de toutes celles qui l'entourent, par ses caractères physiques et moraux et par son langage. C'est la race sérer-ouolof parlant deux langues, qui ont entre elles les affinités les plus complètes. Ce sont des langues monosyllabiques, à quelques exceptions près.

Les Ouolof et les Sérer sont les plus grands, les plus beaux et les plus noirs de tous les nègres de l'Afrique. Ils ont les cheveux crépus, mais les traits de leurs visages sont assez souvent agréables; leur qualité dominante est l'apathie. Ils sont doux, puérilement vains, crédules au delà de toute expression, imprévoyants et inconstants. Ils sont très-braves, comme presque tous les noirs, parce qu'ils n'apprécient guère le danger, et ont le système nerveux très-peu développé. Ils sont cultivateurs et pêcheurs. Ils ne travaillent que juste ce qu'il faut pour leurs besoins du moment; après la récolte, ils vendent à bon marché la plus grande partie de leur mil, et ils rachètent ce même mil très-cher six mois après. Comme ils ne produisent tous les ans que juste ce dont ils croient avoir besoin, il arrive presque chaque année que la disette règne dans le pays pendant les deux ou trois derniers mois qui précèdent la récolte suivante, parce qu'ils ont mal calculé leurs besoins. Ils se nourrissent alors de fruits sauvages, de racines, de graines d'herbes; et ceux qui habitent les bords de l'eau, de poissons, du riz de leurs marais et de semences de nénuphar. Malgré ces privations, ce sont des gens très-heureux en général.

D'une grande sobriété naturelle, ils s'adonnent de la manière la plus déplorable à l'ivrognerie, quand ils sont en relation avec les comptoirs européens et qu'ils ne sont pas musulmans. Leurs rois, reines et chefs, sont ivres du jour où ils entrent en fonctions jusqu'au jour où ils meurent, ce qui, grâce à l'eau-de-vie de traite, ne se fait pas attendre longtemps.

Ceux qui sont musulmans échappent à cette cause de dégradation, sont plus propres, plus laborieux, mais une intolérance absurde vient souvent alors obscurcir leurs bonnes qualités naturelles.

Les Ouolof, au milieu desquels se trouvent nos principaux établissements de la côte de l'Afrique, vivent avec nous ou auprès de nous depuis plusieurs siècles. Il y a, malgré de petites discordes, une grande sympathie entre eux et les Européens qui habitent le pays pendant quelque temps; et une race mélangée, assez nombreuse, a été le résultat de ce contact prolongé. Cette classe de la population a fait des progrès bien remarquables depuis le commencement de ce siècle, sous le rapport de l'éducation, de la moralité, de l'habillement, de la manière de vivre publique et privée. Elle a perdu, dans ces dernières années, des priviléges commerciaux qui faisaient sa richesse et dont elle n'avait pas su profiter sagement. Aujourd'hui, elle n'est plus retenue à ses préjugés que par quelques vieux représentants des anciennes idées, dont le nombre diminue heureusement de jour en jour. Ces obstacles vaincus, ces liens brisés, elle s'identifiera complétement avec les Européens, tout en conservant cependant son caractère propre, dont le fond est la douceur, la bienveillance, l'indulgence exagérée et qui manque de ressort, d'énergie et d'activité. Après avoir classé par races les habitants du Sénégal, passons en revue les différents États formés par ces races.

LE OUALO.

On s'accorde à dire que toute la race ouolof fut autrefois réunie sous un seul roi, dont le titre était bour-ba-Djiolof. Cet empire se serait ensuite divisé en trois États indépendants, et le Oualo est l'un d'eux.

Le Oualo ne comprend plus qu'un territoire de 400 lieues carrées environ sur la rive gauche du Sénégal, près de son embouchure : il n'y a pas un siècle qu'il en comprenait autant sur la rive droite. Cette moitié du Oualo a été successivement détruite et envahie par les Trarza. Une partie des populations refoulées se réfugia et s'établit dans une province du Cayor, qu'on appelle le Ndiambour, où elle est encore aujourd'hui.

Le système de gouvernement du Oualo était assez compliqué, surtout dans les dernières années, où les Trarza avaient tout fait pour le désorganiser et lui ôter toute force.

Le chef du pays s'appelait brak; il était élu par les sib et baor, chefs des diambour ou hommes libres, et choisi dans les trois familles des Tédiek, des Djieus et des Logre. Les princes de ces trois familles et les chefs de quelques autres portaient le titre de kangam. La loi d'hérédité comptait pour beaucoup dans le choix du brak, mais l'hérédité dans le Oualo est très-bizarre, elle est collatérale par les femmes. Ainsi, à la mort d'un chef ou d'un simple père de famille, c'est le fils de sa sœur qui en hérite au détriment de ses propres enfants.

Les deux dernières reines du Oualo, Guimbotte et Ndété-Iallah, ne s'emparèrent de l'autorité qu'au mépris de l'usage du pays, qui n'admettait pas les femmes au trône ; aussi ne se dispensèrent-elles pas de nommer des fantômes de brak pendant qu'elles furent au pouvoir.

Les Trarza durent favoriser l'avénement d'une femme au trône du Oualo, et ils en profitèrent bientôt, comme nous allons le voir.

En 1819, nous avions tenté d'arracher le Oualo à l'influence des Trarza pour nous y établir nous-mêmes et y fonder des cultures : deux ans après, en 1821, nous renonçâmes, de guerre lasse, à nos prétentions. En 1827, nouvelle tentative de notre part, et, deux ans après, nouvelle reconnaissance par nous des droits des Trarza. Le Oualo qui, chaque fois, s'était mis avec nous pour s'affranchir du joug intolérable des Maures, subissait chaque fois les terribles effets de leur vengeance.

Enfin, en 1833, la reine Guimbotte, voyant son pays affreusement dévasté, ne pouvant obtenir de nous aucun secours, épousa, de l'avis de son peuple, le roi des Trarza, Mohammed-el-Habib, dans l'espoir que le Oualo serait épargné par lui. Alors nouvelle guerre de notre part pour empêcher la réunion complète de la rive droite aux Trarza, et, deux ans après, nouvelle paix prématurée et nouvel abandon du parti du Oualo qui avait combattu pour nous. Cependant, cette guerre de 1833 avait effrayé les

Maures, et l'on obtint d'eux, dans le traité de paix de 1835, qui la termina, la renonciation de tout droit sur le Oualo, pour les enfants que Guimbotte aurait de Mohammed-el-Habib.

Depuis la paix de 1835, chaque fois que nous eûmes des affaires avec les Trarza, comme en 1843, 1848 et 1850, le Oualo se mit avec eux contre nous. Il fit de même en 1854, au commencement de la guerre actuelle, mais en un mois le Oualo fut complétement balayé de ses habitants et de leurs alliés maures.

Quant aux causes de cette dernière guerre, la véritable fut que nous voulions nous affranchir d'une foule de tributs humiliants au Sénégal, et nous y établir d'une manière forte et digne; mais nous eûmes à nous appuyer d'une violation formelle du traité de 1835, car Guimbotte avait eu du roi des Trarza un fils, Ely, qui, dès sa naissance, fut considéré, au mépris de conventions que Mohammed-el-Habib n'avait jamais prises au sérieux, comme l'héritier présomptif du Oualo, et il en était le maître réel sous sa tante Ndété-Iallah, en 1854, lorsque commença la guerre.

Aujourd'hui, le Oualo conquis a été déclaré province française, et tout retour sur cette décision est impossible. Le premier homme qui se déclara pour nous dans le Oualo fut Fara-Penda, un des chefs des Logre, réfugié dans le Cayor, à la suite des persécutions qu'il eut à subir dès qu'Ely fut en âge d'élever des prétentions au commandement dans le

Oualo, c'est-à-dire vers 1847. Il est bon de se souvenir de ce fait.

Béquio, chef assez important de la partie centrale du Oualo, résidant à Ross, ne prit parti contre nous que par peur de Mohammed-el-Habib. Il va rentrer avec tout son monde.

Les alliés les plus fidèles des Maures, les sujets les plus dévoués d'Ely furent les captifs de la couronne qui formaient, en quelque sorte, la force militaire permanente du pays entre les mains des brak. Ils semblent seulement se décider, en 1857, à vouloir rentrer sans Ely dans leur pays. Il leur a fallu, pour cela, trois ans de misère, pourchassés de village en village, et continuellement menacés et traqués par nous. Ce sont, du reste, des ivrognes habitués au brigandage, et dont il faudra vertement réprimer les moindres écarts, afin de changer leurs habitudes.

Voici ce que nous avons fait du Oualo : le village de Dagana en a été séparé et réuni au poste voisin, les villages de Ndiago, Mboio, Djiaos, Thionq, Maka-Diama, Menguey, Guémoy, Sor, en ont été séparés pour faire une banlieue de Saint-Louis, directement commandée par l'autorité française ; le reste a été partagé en quatre cercles : toute la partie à l'est de la Taouey et du lac de Guier forme le cercle de Dagana ; toute la rive du fleuve, entre la Taouey et Maka-Diama, forme le cercle de Richard-Toll ; toute la rive du lac de Guier, de Temey à Mérinaghen, forme le cercle de Mérinaghen ; toute la partie centrale (ancienne province de Béquio) forme le cercle de Lampsar.

Quatre chefs indigènes ont été nommés au commandement de ces cercles, et ils sont dirigés par un officier nommé *ad hoc* par le gouverneur, et qui réside au poste de Richard-Toll, en attendant qu'une maison de commandement soit construite à la Taouey, pour remplacer le poste actuel en ruines, que l'on abandonnera.

La population du Oualo, avant la guerre de 1854, était de 16,000 âmes environ. Nous en avons détaché 2,000 à Dagana et 2,000 pour la banlieue de Saint-Louis. Reste 12,000, savoir : 3,000 par cercle environ. Deux cercles sont repeuplés depuis plus d'un an. Les deux autres ne tarderont probablement pas à l'être.

Les productions du Oualo sont peu importantes et consistent en petit mil, haricots, bérafes (graines de melon), un peu de coton et d'indigo, et beaucoup de poissons secs.

LE CAYOR.

Le Cayor est le plus puissant des trois États ouolof. Il a une superficie de 800 lieues carrées. Il comprend toute la côte entre Saint-Louis et Gorée, sur une longueur de 40 lieues et une largeur de 20 à 30. Il a un roi absolu, dont le titre est *Damel*, et qui s'arroge le droit de piller, de tuer et de vendre ses sujets par simple caprice. C'est un pays plat et sablonneux ; dans la saison sèche, on n'y trouve d'eau que dans des puits très-profonds.

Il se divise en Cayor proprement dit et Ndiambour ; ce dernier tout à fait musulman, tandis que dans le Cayor proprement dit, quoiqu'il y ait beaucoup de villages de musulmans, les chefs et une grande partie de la population ne le sont pas.

Le Ndiambour supporte impatiemment le joug d'un roi qui n'a pas de religion. A la fin du siècle dernier, pendant la guerre sainte d'Abd-oul-Kader du Fouta, le Ndiambour prit parti pour lui et se rendit indépendant du Cayor. La guerre sainte finie, l'enthousiasme religieux éteint, le damel ayant réuni les forces du Baol aux siennes, remit le Ndiambour sous le joug. Cette province saisira toujours l'occasion de le secouer de nouveau, chaque fois qu'une guerre sainte sera proclamée. Dans ces dernières années, elle attendait Al-Hadji avec un désir mal caché. Malheureusement, le gouvernement abruti du damel (si l'on peut avilir le mot gouvernement en l'appliquant aux violences sans règle d'une horde de brutes toujours ivres) rend ces aspirations légitimes.

Il est possible qu'il arrive, dans un temps donné, une révolution religieuse dans le Cayor, comme cela a eu lieu dans beaucoup d'autres États de cette partie de l'Afrique, et qu'elle y intronise la loi du Coran dans la personne d'un chef musulman.

Le Cayor est souvent en guerre avec le Baol, État voisin au sud, moitié ouolof, moitié sérer. Le

Baol, moins puissant, lui résiste avec peine, et souvent les deux pays sont réunis sous le même chef.

Le Cayor était déjà tributaire des Trarza, et fortement entamé par eux au commencement de la guerre de 1854. C'est sous les deux avant-derniers damel, Maïssa-Tend et Biraïma, que les Maures étaient parvenus à prendre pied dans le Cayor. Sous le dernier, il y a une trentaine d'années, les Maures obtinrent un territoire dans le Ndiambour et y fondèrent le village d'Ouadan, près de Nguik.

Le Cayor a tellement peur des Maures et si peu de sympathies pour nous, qu'il n'a voulu prendre aucune part à la guerre que nous avons faite aux Trarza à son profit, pendant trois ans. Nous ne lui avons donc aucune obligation, et nous n'avons contracté envers lui aucun engagement. Il sera bien forcé, tôt ou tard, d'avoir recours à nous contre leurs brigandages.

Le Cayor proprement dit se divise en un certain nombre de provinces, dont les principales sont : le Ndiambour, le Ngangouné (dont fait partie le Gandiole), le Ntiolom, le Guet, le Sagata, le Mbakol, le Mboul, le Mékhé, le Séniokhor, etc.

Le territoire de Dialakhar a été détaché par nous du Cayor et mis dans la banlieue de Saint-Louis. Il s'y est formé un centre de population de plus de 1,200 âmes.

Le Toubé est un petit territoire de quelques villages, à une lieue de Saint-Louis. Il appartenait autrefois au Oualo; il fut conquis par le Cayor et presque abandonné par celui-ci aux Trarza, qui y étaient les seuls maîtres. Aujourd'hui, ce pays ne reconnaît d'autres chefs que nous, et fait partie de la banlieue de Saint-Louis. Seulement, il paye encore des impôts au damel. On l'en affranchira au premier tort du damel envers nous.

Le Gandiole se compose de trois villages très-rapprochés les uns des autres et situés à l'embouchure du Sénégal. Nous l'avons pris sous notre protection contre le damel, qu'il reconnaît cependant pour son roi, et contre les Maures. Beaucoup de sujets français habitent Gandiole et y font du commerce. Sur le territoire de Gandiole se trouvent des salines naturelles qui rapportent 20,000 francs par an : moitié aux gens du village qui recueillent le sel, et moitié au damel, ou plutôt à linguère (la femme du damel prend ce titre et le conserve quand elle est veuve, de sorte qu'il peut y avoir plusieurs linguères).

Le Gandiole se considère à peu près comme français; mais il faudrait qu'il le fût complétement, et il serait à désirer que le damel consentît à nous le vendre avec ses salines. On pourrait lui offrir pour cela 10,000 francs de rente annuelle. On affermerait les salines et l'État y gagnerait. Le damel n'y gagnerait pas moins, car ses percepteurs lui volent plus de la moité du produit de ses impôts.

Le damel actuel, nommé Biraïma, est un jeune homme de vingt et quelques années, qui s'empoisonne jour et nuit avec notre sangara. Il y a trois ans qu'il a été nommé, et il a déjà failli plusieurs fois être emporté par ses excès d'intempérance.

Le damel est élu dans la famille royale par le diaoudin-Boul ou chef héréditaire des diambour (hommes libres du pays).

Dans le Cayor, comme dans le Oualo, les dévastations des Maures et le sangara des Européens ayant augmenté l'abrutissement de la nation, l'influence et les prérogatives des hommes libres, qui en sont la partie saine, ont progressivement diminué au profit des captifs de la couronne, espèce de bandits armés qui sont à la dévotion du roi, dont ils sont les fidèles compagnons de débauche, et qui, en retour, leur permet toute espèce de brigandages dans le pays. On les appelle les tiédo du damel.

En 1856, le diaoudine-Boul se révolta contre le damel, à la tête des diambour, pour nommer à sa place un autre damel de la famille rivale, celle des Mayor. Biraïma est de la famille Gueidj, qui a supplanté l'autre depuis environ cent ans. Diaoudine-Boul fut vaincu et tué dans la bataille. Son frère, Samba Maram-Khay, chef de son parti, est réfugié à Saint-Louis avec un certain nombre de ses partisans. C'est un homme à ménager pour l'occasion, si le damel se conduisait mal envers nous, et nous forçait à user de répression à son égard.

Le Cayor et le Ndiambour font un grand commerce avec Saint-Louis. Ils exportent de très-grandes quantités de mil et d'arachides, qu'on peut évaluer à 8,000,000 de kilogrammes, ce qui fait 15,000 tonneaux d'encombrement. Ils approvisionnent Saint-Louis de légumes, œufs, lait, volailles, etc.

Les commerçants français de Saint-Louis trouvent assez de sécurité dans ce pays, excepté dans quelques cas très-rares, où ils rencontrent des tiédo ivres, et encore obtient-on généralement réparation.

C'est un pays auquel nous devons fortement nous intéresser, comme à tous les pays ouolof. Le sort de cette race d'hommes est entre nos mains, et c'est un devoir pour nous de la diriger dans une bonne voie. En nous y suivant, elle trouvera une existence paisible et heureuse, qu'elle n'a guère connue jusqu'ici, et notre colonie en profitera.

LE DJIOLOF (1).

Le centre presque désert du quadrilatère formé par le Sénégal au nord, la Gambie au sud, l'Océan à l'ouest, la Falémé à l'est, quadrilatère dont les bords sont très-peuplés, forme le pays du Djiolof, autrefois puissant, aujourd'hui réduit au dernier degré d'abaissement, par la séparation des autres États ouolof et sérer, et par les razzias continuelles des Maures et des Toucouleur du Fouta.

Il y a deux cents ans, bour-ba-Djiolof était encore le suzerain des rois du Cayor et du Oualo, et même,

(1) *Djiolof* est le nom du pays, *ouolof* est l'adjectif désignant les habitants ou toute autre provenance du pays.

dit-on, de ceux de Sin et de Sâloum, quoique tous ces rois fussent déjà presque indépendants. Aujourd'hui même, que bour-ba-Djiolof est le plus misérable et le plus faible de tous, les autres rois, qui n'ont plus conservé la moindre dépendance vis-à-vis de lui, s'astreignent encore, dit-on, à certaines formules de respect, quand ils sont en sa présence.

Le Djiolof est un pays de pâturages, et les habitants, tout en cultivant la terre, y ont de grands troupeaux de beaux bœufs, qui leur attirent les visites des Maures. On croit qu'il renferme aussi de grandes forêts de gommiers. Il s'y trouve des tribus poul très-sauvages. Un certain nombre de villages du Djiolof ne pouvant plus supporter une existence sans aucune sécurité, se sont convertis à l'islamisme et réunis au Fouta.

Ce malheureux pays ajoute encore des discordes intérieures aux maux qu'il a à souffrir de ses envahisseurs. Un nommé Tanor, qui se fait appeler aujourd'hui Silmakha-Dieng, était, il y a quelques années, roi du Djiolof, après l'avoir emporté sur le parti opposé. Peu satisfait d'être le roi d'un État journellement pillé, et convoitant le Cayor, il abdiqua et se fit marabout. Il mit à sa place une de ses créatures, qu'il fit périr dès qu'elle voulut agir autrement que par sa volonté. Il la remplaça par une autre qui eut le même sort, et fut elle-même remplacée par une troisième, qui a aujourd'hui le vain titre de Bour-ba-Djiolof. C'est un nommé Biralamba. Le chef du parti opposé, plus faible que celui de Tanor, est Fat-Kodou, réfugié dans le Cayor.

Or voici le but de Tanor, le prétendu marabout : il s'est établi avec une bande de tiédo ou guerriers, entre le Djiolof et le Cayor, et cherche à exciter des troubles dans ce dernier pays. Il avait envoyé des cadeaux à Al-Hadji et n'attendait que son arrivée pour se déclarer pour lui, peut-être avec les gens du Ndiambour, renverser le damel, et demander au prophète, pour sa récompense, d'être nommé chef musulman ou almamy du nouvel État. Mais pour qui connaît les allures d'Al-Hadji, il est évident qu'après s'être servi de Tanor, Al-Hadji lui eût fait couper la tête sous un prétexte quelconque, et eût nommé almamy un de ses chers taliba (élèves) du Fouta-Dialon, ou un marabout du Fouta-Sénégalais.

Le fort de Mérinaghen avait été construit dans l'espoir d'y attirer le commerce du Djiolof ; mais on n'y fait presque rien. Les habitants du Djiolof craignent les Maures qui fréquentaient les routes, et, dans leur sauvagerie, ils nous craignent nous-mêmes, parce que quelques mauvais drôles, comme ce Tanor, les éloignent de nous.

Par moments, ils aspirent à se rapprocher de nous, et, dernièrement, ils viennent de nous écrire qu'ils payeraient de deux cents bœufs la construction d'une petite tour en maçonnerie à Bounoun, à cinq lieues à l'est de Mérinaghen, pour y établir un village, qui jalonnerait la route entre leur pays et notre établissement.

Bounoun est le point d'intersection des territoires du Oualo, du Cayor, du Djiolof et du Fouta. Ce lieu, où l'on trouve de l'eau en toute saison, et qui est au milieu d'un désert aride, est un point de passage forcé et d'embuscade pour toutes les bandes de voleurs de ces quatre pays (et Dieu sait s'ils en renferment!), et des Maures par-dessus-le marché. La construction d'une tour et d'un village, à Bounoua, serait un grand service rendu au pays. On prétend que ç'a été un des projets d'Al-Hadji, alors que simple habitant d'Aloar, dans le Toro, il ne pensait pas encore au rôle quil a joué depuis.

LE FOUTA-SÉNÉGALAIS.

Le Fouta s'étend d'abord sur toute la rive gauche du Sénégal, depuis Dagana jusqu'au marigot de Nguérer, près de Dembakané (150 lieues), comprenant ainsi l'île à Morfil, formée par deux bras du fleuve, entre Saldé et Doué. Il possède, en outre, des villages situés sur la rive droite, depuis Kaéaédi jusqu'à Goumel.

Cet État se divise en territoires, correspondant en général aux différentes tribus. Ainsi, en remontant, à partir de Dagana, on trouve la province de Dimar, de Gaé à Doué; la province de Toro, de Doué à Boki ; le pays de Lao (pays des Lao-nkobé) (1), de Boki à Abdallah-Mokhtar; le pays des

(1) Lao-nko-bé veut dire les gens de Lao, par la superposition bizarre des règles de différentes langues ; dans les langues malinké et soninké, on ajoute *nké* au nom du pays, pour avoir celui des habitants,

Irlabé, de Abdallah-Mokhtar à Saldé; le pays des Besséiabé, de Saldé à Tiaski; le pays des Ébiabé, de Tiaski à Doualel; le pays des Kouliabé, de Djiooul à Bapalel; la province de Damgo, pays des Délianké, des Nguénar et des Aéranké (les Aéranké sont des Soninké-Guidimakha réfugiés du Gangari, rive droite, pour se soustraire au joug des Maures), de Guiray à Dembakané. Le Dimar, province extrême à l'ouest, ne subit presque plus l'influence du Fouta. C'est l'influence trarza, et un peu la nôtre, qui s'y sont substituées. Le Dimar est tributaire des Trarza.

Les deux villages de Gaé et de Bokol, les plus rapprochés de Dagana, renfermant plus de Ouolof que de Toucouleur, sont tout à fait détachés du Dimar. Ils étaient devenus une véritable propriété des Trarza avant la guerre actuelle. Ayant pris, dans cette guerre, parti pour nous, ils y ont gagné leur indépendance, et, tout dernièrement, ils viennent de se donner à nous.

Le Toro, depuis la création de notre établissement de Podor dans cette province, s'est sensiblement rapproché de nous, et sépare de plus en plus sa cause de celle du Fouta ; c'est une tendance que nous devons encourager. Entre le Toro et le Damga

Lao-nké. Puis, dans ces mêmes langues, le pluriel se forme en changeant la voyelle finale *a*, *é*, *i* en *ou*, Lao-nkou. Dans la langue poul, on ajoute *bé* au nom du pays, pour avoir le nom des habitants. Ne tenant pas compte de ce que Lao-nkou était déjà le nom des habitants du Lao, les Poul y ont ajouté *bé*, et ont appelé ces habitants Lao-nkou-bé.

se trouve le Fouta central, qui exerce une influence prépondérante sur le gouvernement du pays.

Ce gouvernement est une république avec un chef électif. La seule loi est le Coran. Le chef élu, l'almamy, est toujours un marabout savant ; la seule condition, c'est qu'il soit torodo de caste. On ne nomme jamais un chef déjà puissant par lui-même. Son pouvoir est très-éphémère et presque illusoire. Il est élu et renversé dans des assemblées populaires des torodo, assemblées excessivement désordonnées et tumultueuses, et sur la désignation de quelques électeurs, qui sont les chefs héréditaires des principales tribus des Bossćiabé, des Irlabé, etc.

Le Fouta est un État excessivement turbulent, divisé, incapable de s'entendre et de se réunir un peu sérieusement pour soutenir une guerre, à moins qu'il ne s'agisse de religion ; alors le Fouta n'est plus qu'un seul homme. Nous en avons un exemple aujourd'hui dans la guerre sainte qu'il fait sous les ordres d'Al-Hadji-Omar. L'histoire en fournit d'autres. Ce pays, comme son nom de Fouta l'indique, est un État créé par les Poul (Foulah). Son territoire, habité autrefois par des Ouolof-Sérer dans l'ouest, et par des Malinké, de la nation Socé, dans l'est, a été conquis, il y a quatre cents ans (?) par les Poul, de la tribu Délianké, ayant pour chef un nommé Koli. C'est à peu près vers l'époque où les Arabes Beni-Hassan vinrent subjuguer les Berbers Zénaga, sur les bords du Sénégal.

Il y eut ensuite mélange entre les Poul dominateurs

et les noirs subjugués ; et les métis étant devenus, sous le nom de torodo (qui semble se rapporter à un ancien nom du pays, Toro, désignant encore aujourd'hui une province), des musulmans zélés, renversèrent le pouvoir héréditaire et absolu des chefs Délianké restés infidèles, et y fondèrent définitivement, sous le marabout guerrier Abd-oul-Kader, l'organisation actuelle (1). La révolution qui transforma le Fouta s'accomplit il y a 150 ans.

Abd-oul-Kader, sous le titre d'almamy (que portèrent pendant quelques moments deux individus avant lui), vainquit successivement tous les États du Sénégal, excepté le Cayor. Il fut malheureux sur la fin de sa vie, et fut enfin tué, à l'âge de quatre-vingts ans, par l'almamy du Bondou, Aïssata, dont il avait fait périr le frère au commencement de son règne.

Depuis Abd-oul-Kader, le Fouta n'avait plus retrouvé cette union qui en fit la puissance la plus formidable de toute l'Afrique occidentale. Il semblait l'avoir aujourd'hui retrouvée sous Al-Hadji, et rien ne lui aurait résisté, s'il n'était pas venu se briser contre nous.

Outre leur arrogance envers nous, on peut repro-

(1) Aujourd'hui, prennent le nom de torodo, quelques habitants du Dimar, les Sélobé du Toro, les Lao-nko-bé, les Irlabé, les Bosséiabé, les Ebiabé, les Nguénar.

Les Délianké habitent le Damga, concurremment avec les Torodo-Ngénar et les Aéranké, qui sont de race sonioké. Il y a en outre, dans le Fouta, des tribus de Poul purs, pasteurs, et beaucoup de villages de tiouballo ou pêcheurs, formant caste à part.

cher aux gens du Fouta leur manque de bonne foi, leur avidité, leur propension au vol, la partialité et la vénalité de leur justice. A côté de ces défauts, ils ne manquent pas de qualités : l'attachement à leur religion, s'il n'était pas poussé jusqu'à l'intolérance la plus furieuse, leur patriotisme, leur haine de l'esclavage; aucun citoyen du Fouta n'est jamais réduit en esclavage ; ils ne font d'esclaves que sur les infidèles. Leur amour du travail, et surtout de l'agriculture, qui est chez eux tout à fait en honneur, en fait un pays très-productif.

Les principaux produits du Fouta sont différentes espèces de mil en grande abondance, de magnifiques troupeaux de bœufs, des arachides dans le Damga, des cuirs verts, et une race de petits chevaux, provenant de la dégénérescence des chevaux des Maures, mais qui ont encore de précieuses qualités.

Il nous prend, en échange, de la guinée, du sel, des fusils, de la poudre, des pagnes de couleur, de l'ambre, etc.

Nous possédons aujourd'hui deux postes dans le Fouta : Podor et Matam. Nous espérons que ce dernier apprivoisera le Damga, comme le premier a apprivoisé le Toro; mais comme il y a cent lieues entre les deux, il sera nécessaire, pour compléter notre système de postes fortifiés destinés à protéger le commerce et la navigation dans le fleuve, d'en créer un autre vers Saldé. On pourra sans doute le faire, par un arrangement à l'amiable avec l'almamy et quelques chefs influents des environs.

On payait, avant la dernière guerre, des coutumes considérables au Fouta : le gouvernement, plus de 2,000 fr., et chaque navire du commerce, suivant son tonnage, de 500 à 1,500 fr. pour passer à Saldé, de 100 à 300 fr. pour passer à Guédé, et, outre cela, d'autres coutumes aux chefs des villages ou des villages où l'on traitait. Tout cela a été complétement supprimé depuis quatre ans, mais le Fouta a de la peine à en prendre son parti, quoiqu'il l'ait officiellement déclaré, par l'organe de l'almamy.

En somme, c'est un peuple auquel nous devons tâcher d'enlever ses travers et ses torts envers nous, pour entretenir ensuite avec lui les relations les plus bienveillantes, car il y a chez lui l'élément qui doit nous faire réciproquement prospérer, l'amour du travail. Il faut, avant tout, maintenir radicalement la suppression de toute coutume.

Tout nous manque pour évaluer la population du Fouta-Sénégalais. Il y a de très-nombreux villages le long du fleuve, du bras de l'île à Morfil, et des marigots intérieurs de Matam à Saldé et de Matam à Guellé. Les plus grands villages sont : Aéré dans le Toro, Boumba et Goléré dans le Lao, Aniam et Tchilogne chez les Bosséiabé, Canel dans le Damga, Boké chez les Irlabé, etc. Ces grands villages doivent avoir 4 à 5,000 habitants. Pour risquer un nombre, nous supposerons au Fouta 300,000 âmes.

LE GADIAGA (*Guoy et Kaméra*).

En remontant la rive gauche du fleuve, on trouve, après le Fouta, le Gadiaga, pays dont tous les villages sont sur le bord même du fleuve, qui est habité par des Soninké, et qui s'étend sur une longueur de 30 lieues, depuis le marigot de Nguérer, au-dessus de Dembazané, jusqu'à Boungourou inclusivement ; il est donc coupé en deux par le Falémé. Ces Soninké sont venus du Kaarta il y a plusieurs siècles. Leurs chefs étaient la famille des Bakiri, régnant encore aujourd'hui. En 1819, ils nous vendirent le terrain du fort de Bakel ; en 1844, la perception et le partage des tributs annuels qu'ils nous faisaient payer pour l'occupation de Bakel, et pour avoir le droit de passer à Tuabo et de commercer avec le haut pays, amenèrent des discordes dans la famille régnante des Bakiri. Il y eut guerre civile entre le chef de Tuabo, Samba-Coumba-Diama, et le tunka (roi en soninké) Dadj, qui résidait alors à Kotéré. Le Bakiri Samba-Yacine, qui avait une grande influence de l'autre côté de la Falémé et qui était du parti de Dadj, fit, avec l'aide des Bambara, un grand massacre des Bakiri de Tuabo. A la suite de cette guerre, il y eut séparation du Gadiaga en deux États. En dessous de la Falémé, le Guoy, dont le chef, résidant à Tuabo, conserva le titre de tunka ; et au-dessus, le Kaméra, où dominèrent les fils de Samba-Yacine. Trois d'entre eux ont été tués par Al-Hadji, et un quatrième est mort pendant la dernière guerre ; il ne reste plus que Bakar, que nous avons nommé chef des habitants de Makhana.

Depuis 1855, toute espèce de coutume a cessé d'être payée tant au Guoy qu'au Kaméra.

D'après la position géographique des deux parties du Gadiaga, le Guoy prit toujours son point d'appui sur le Fouta, et le Kaméra sur les anciens maîtres du haut Sénégal, les Bambara du Kaarta. Aussi, dans la grande guerre à laquelle nous assistons, entre le Fouta et le Kaarta, guerre qui n'est qu'un épisode de la longue lutte qui existe depuis si longtemps entre les races poul et mandingue, les Soninké du Guoy ont été complétement entrainés dans le parti d'Al-Hadji par les Toucouleur du Fouta ; ceux du Kaméra ont été en butte à ses implacables vengeances. Il débuta en 1854 sur les bords du Sénégal, par le massacre de la population de Makhana, capitale du Kaméra. Il est résulté aussi de là que le Kaméra nous est aujourd'hui plus sympathique que le Guoy.

Il y a, dans le Gadiaga, des villages de marabouts dont l'influence s'élevait insensiblement à côté du pouvoir des Bakiri, musulmans peu zélés. En 1854, lorsqu'Al-Hadji se trouva un moment maître de tout le haut Sénégal, il avait déjà renversé les Bakiri, au profit de ces marabouts, dont l'un avait été nommé par lui almamy du nouvel État théocratique. Depuis lors, les gens du Gadiaga, suivant les circonstances de la guerre, ont dix fois abandonné et réoccupé leurs villages. Entre la crainte qu'ils ont de nous et celle bien plus grande que leur inspire encore Al-Hadji, ils ne savent quel parti prendre. Si Al-Hadji disparaissait, ils seraient tout à fait soumis à notre influence. Profitant de cette guerre, nous leur avons enlevé le beau et riche village de Bakel, au milieu duquel était placé notre fort, et, aujourd'hui, c'est à tout jamais une ville française, dont nous avons fait le chef-lieu de nos possessions du haut du fleuve.

Le village de Makhana, qui a toujours été bien disposé et a combattu pour nous, a été transporté en 1857 à Arondou (confluent de la Falémé), et y est protégé par le stationnaire *le Galibi*.

La population du Gadiaga peut être évaluée à 15 ou 20,000 âmes. C'est la population la plus commerçante de tout le Sénégal ; elle envoie des caravanes au loin dans l'intérieur, et fournit une foule d'agents inférieurs au commerce de Saint-Louis, et de laptots à nos navires.

On y fabrique un peu de fer pour l'usage des habitants.

Les productions du pays sont : de bon indigo, des arachides, du mil, des légumes et du sésame.

LE BONDOU.

Le Bondou est un État poul et musulman qui s'étend dans l'angle occidental formé par le Sénégal et la Falémé. D'après la tradition, il n'a pas été fondé par la conquête, mais par la cession volontaire faite à des Poul, émigrants du Fouta-Toro et d'autres contrées, par le roi des Soninké du Gadiaga, de vastes déserts, qui s'étendaient derrière la bande de terrain que ces Soninké occupaient le long du fleuve.

Depuis sa fondation, le Bondou s'est maintenu indépendant à côté du Fouta, son terrible et turbulent voisin; d'abord, quoique moins vaste et moins peuplé, la forme de son gouvernement monarchique absolu et héréditaire, lui donnait une force d'ensemble qui manque complétement à la république théocratico-démocratique du Fouta; ensuite, il s'appuyait sur les Bambara; aussi fut-il complétement divisé dans la guerre suscitée par Al-Hadji. Tous ceux chez qui le sentiment religieux dominait ou qui étaient hostiles à la branche régnante, prirent parti pour Al-Hadji et le Fouta. Les quelques partisans de la branche régnante furent réduits à se sauver dans le Kaarta. C'est là que nous allâmes chercher Boubakar-Saada, fils de feu l'almamy Saada, qui nous vendit Sénoudébou en 1848, pour le nommer almamy sous notre protection. Seul d'abord, il releva peu à peu son parti avec l'aide de nos armes, et est aujourd'hui reconnu comme maître du Bondou. Les dissidents ont quitté le pays, et sont, les uns chez les Guidimakha, les autres dans le Fouta.

La famille régnante, descendant de Malik-Si, fondateur du Bondou, est celle des Sissibé.

Voici les noms des almamy du Bondou, depuis Amady Aïssata, qui régnait à la fin du siècle dernier, fit la guerre au grand Abd-oul-Kader du Fouta et le tua :

AMADI AÏSSATA.
MOUSSA.
TOUMANÉ, qui bâtit Somsom-Tata.
MALIK.
SAADA, qui nous vendit Sénoudébou.
1852. — MOHAMADOU.
1854. — AMADY-GAY et OUMAR-SANÉ, sous Al-Hadji.
1856. — BOUBAKAR-SAADA, nommé par nous.

Il y a encore aujourd'hui deux branches rivales : la branche des Boulébané, à laquelle appartient Boubakar-Saada, et que nous pouvons regarder comme nous étant aujourd'hui attachée par son propre intérêt, sans parler de la reconnaissance, et celle de Koussam, qui nous est hostile, qui domine dans le haut Bondou, en remontant la Falémé, et a toujours montré une tendance marquée vers les Anglais de la Gambie.

Les coutumes que nous payions pour Sénoudédou ont naturellement été supprimées, depuis le moment où tout le Bondou, ayant fait cause commune avec nos ennemis, en 1854, nous ne nous y sommes maintenus que par la force.

Du temps où le territoire du Bondou était presque désert, les Malinké du Bambouk, qui n'en sont séparés que par la Falémé, occupaient des villages sur la rive gauche de cette rivière. A mesure que le

Bondou devint puissant, il refoula les Malinké sur la rive droite, et même, dans ces derniers temps, il avait dépassé cette limite, et conquis, à partir de Kéniéba, toute la rive droite de la Falémé, pays aurifère, bien fait pour exciter la convoitise des peuples voisins. Mais comme cette partie du Bondou s'était déclarée pour Al-Hadji, et supporte impatiemment le joug de Boubakar-Saada, il arriva. par un heureux concours de circonstances, qu'en nous établissant en 1858, à Kéniéba, nous avons fait plaisir aux Malinké du Bambouk, qui sont humiliés d'y voir les Poul du Bondou, et, en même temps, à l'almamy du Bondou, Boubakar, notre allié, qui ne doit voir dans notre présence sur ce point qu'un moyen de raffermir sa domination sur la rive droite.

Le Bondou a peut-être 100,000 habitants. Disons une fois pour toutes que ces évaluations ne sont basées sur rien ; il y a trois ans seulement que nous parcourons en détail toutes ces contrées du Sénégal, et l'on n'a pas encore eu le temps de s'occuper de statistique : cela viendra.

Ce pays produit de beaux troupeaux, du mil, des arachides, beaucoup de riz, du sésame, de l'indigo, du coton, du miel, de la cire.

Il nous demande les mêmes marchandises que le Gadiaga, mais surtout du sel.

C'est en 1858 que nous avons occupé Kéniéba, pour tenter l'exploitation de ses mines d'or. L'intérieur du Bambouk renferme probablement des localités plus riches en or: mais Kéniéba n'est qu'un premier jalon pour nous rapprocher du Bouré, pays de l'or par excellence.

LE BAMBOUK.

Le Bambouk est un pays malinké non musulman, qui occupe l'angle oriental formé par le Falémé et le Sénégal. C'est un pays vaste, accidenté, peu connu, en grande partie désert, et divisé en plusieurs petits États indépendants.

Les seules populations qui soient en relations suivies avec nous sont celles de Farabana, vis-à-vis de Sénoudébou, et de Sirmanna, vis-à-vis de Médine. Farabana, dont le chef, notre allié fidèle, est aujourd'hui Bougoul, présente une singulière particularité. Au milieu de pays où l'esclavage existe, où les esclaves sont la propriété la plus respectée, même d'une contrée à l'autre, il sert de lieu d'asile à tous les esclaves fugitifs, sans exception. Dès qu'ils ont mis le pied à Farabana, ils sont libres et citoyens de la petite république qui soutient la guerre contre ses voisins, plutôt que de les rendre.

Le fer est abondant dans le Bambouk; l'or s'y trouve partout.

Dans le courant du dix-huitième siècle, les Français eurent bien des fois l'intention d'exploiter les mines d'or du Bambouk; des circonstances fatales, comme les dissolutions de compagnies, les changements de directeurs, les guerres extérieures, vinrent toujours s'y opposer. De 1716 à 1756, Compagnon, Leveuz, David, Pelays, Legrand, Aussenac, directeurs ou employés des compagnies du Sénégal, explorèrent les mines d'or du Bambouk, et firent sur elles des rapports très-favorables. Dans ces dernières années, MM. Huard, Raffenel, Rey et Flize, directeur des affaires indigènes, les visitèrent également. Comme nous l'avons dit, en parlant du Bondou, un essai d'exploitation a été décidé en 1858, à Kéniéba.

Dans un pays aussi riche en or, on s'occupe peu d'agriculture ; aussi, le Bambouk ne produit-il que de la cire et de l'ivoire.

Les principales provinces du Bambouk sont : Farabana, Niambïa, le Kankoula, le Niagala, le Tambboura, le plus riche en or, qui fut connu jadis sous le nom de Natacon, le Diébé-Dougou, le Kounka-Dougou vers le sud, le Koundian et le Kamanan sur le bord de la Falémé, appartenant aujourd'hui au Bondou.

Des noms portugais, que l'on trouve sur la carte de Compagnon, prouvent que ce peuple a eu des établissements dans le Bambouk, probablement avant l'occupation française du Sénégal. Il paraît qu'à la fin du siècle dernier, pendant l'occupation anglaise, il y eut encore une tentative d'établissement à Farabana, par des déportés portugais, qui se massacrèrent entre eux.

Le Bambouk, ennemi déclaré des musulmans, et, par suite, notre allié dans la lutte actuelle, est le chemin qui doit nous conduire au haut Niger ; c'est là une vérité qu'il ne faut jamais perdre de vue.

Nous devons, pour arriver au but, créer de nouveaux postes le long du Bafing. Le premier doit être placé au confluent du Bafing et du Baoulé, c'est-à-dire à 30 ou 40 lieues de Médine, à l'extrémité sud-est du Khasso, ou bien à la cataracte de Gouïna, qui est un peu au-dessous de ce confluent.

Si le pouvoir d'Al-Hadji ne se relève pas, nous ne trouverons aucune opposition contre la création de ce poste, de la part des indigènes.

Population du Bambouk : 60,000 habitants ?

Le sel est la marchandise la plus recherchée dans le Bambouk. Pour une pièce de 5 francs en argent, on y a un gros d'or.

LE KHASSO.

Le Khasso (Casson des anciennes cartes) est un pays à cheval sur le Sénégal, depuis Diakhalel jusqu'au confluent de Bafing et du Baoulé ; ses habitants sont des Poul parlant malinké, et quelques Malinké sur la rive gauche. C'est un beau pays aussi fertile que le Bondou, et plus pittoresque.

Ses habitants Poul sont venus du Bakhounou. D'abord bergers des Malinké, qui étaient maîtres du pays, ils devinrent peu à peu assez forts pour les supplanter. Il y a quinze ans, le Khasso n'avait qu'un chef, Aoua-Demba ; mais cet État fut désorganisé par le Kaarta, son trop puissant voisin, dès qu'il n'eut plus un homme remarquable pour le maintenir. Aujourd'hui, sous les fils d'Aoua-Demba, il est divisé en provinces indépendantes les unes des autres, savoir : sur la rive gauche, Médine, le Logo, le Natiaga ; sur la rive droite, Khoulou, le Kontiéga, comprenant le Diombokho, le Magui, le Fansané, le Tomora, le Sanga-Kénié, le Sanga, le Dinguira, le Makha-Dengué.

En 1855 au moment même où Al-Hadji, maître du haut pays, venait de s'emparer du Khasso, et de le traverser en y laissant garnison, pour pénétrer dans le Kaarta, nous nous établîmes de vive force à Médine.

Pendant deux ans que dura la conquête du Kaarta, par Al-Hadji, le Khasso fut tranquille : mais cette conquête finie, Al-Hadji revint dans le Khasso, dont les habitants de la rive droite se soumirent, tandis que ceux de la rive gauche se sauvèrent dans le Bambouk ; Al-Hadji vint alors se heurter contre notre fort de Médine, commandé par M. Paul Holle, et sous la protection duquel les populations des villages voisins s'étaient réfugiées ; il l'assiégea pendant trois mois avec acharnement ; la défense en fut magnifique, et les assiégeants firent tuer plus de mille de leurs meilleurs guerriers. Ils furent honteusement chassés, le 18 juillet 1857, par une poignée d'hommes amenés par le gouverneur, à la première crue des eaux. Ce revers a ruiné la cause d'Al-Hadji et mis fin, pour un temps, dans le bassin du Sénégal, à la grande lutte entre les Poul et les Mandingues, entre les États musulmans et ceux qui ne le sont pas ; mais ce n'est évidemment là qu'une trêve ; c'est à nous à nous tenir sur nos gardes, et à nous préparer pour l'avenir. Ce que nous avons de mieux à faire, c'est de tâcher de rester neutres dans cette lutte.

En effet, ces peuples semblent ne pas vouloir de notre civilisation, et, comme pis-aller, il vaut mieux qu'ils adoptent la demi-civilisation du Coran que de rester sauvages, à condition, toutefois, qu'ils consentiront à vivre en paix avec nous.

Les musulmans sont sûrs du succès dans un avenir plus ou moins prochain, parce que, pour ces peuples, ils représentent le progrès.

La famille régnante de Médine est toute dévouée aux Français; cependant, le frère du roi actuel Diokha-Sambala, nommé Kartoum-Sambala, musulman fanatique, s'est jeté à corps perdu dans le parti d'Al-Hadji; il a été battu et ruiné complétement par nous, à Kana-Makhounou, le 18 août 1857.

C'est à Médine que vécut notre compatriote Duranton, après avoir épousé une fille du roi Aoua-Demba.

Le Khasso produit des arachides de qualité supérieure et du riz aussi beau que celui de l'Inde; le sel y est très-recherché.

La population peut être évaluée à 150,000 âmes.

LE KAARTA.

Notre occupation du Khasso fait du Kaarta un des pays limitrophes de nos possessions.

En 1857, le Kaarta n'existe plus comme État, par suite des événements de la guerre d'Al-Hadji. Nous parlerons tout à l'heure de ces événements; disons d'abord ce qu'était, il y a quatre ans, le Kaarta.

Le pays de Kaarta, situé sur la rive droite du Sénégal, dont il est séparé par le Khasso, peut avoir de 2,500 à 3,000 lieues carrées de superficie. Les habitants qui y dominaient étaient les Bamana, que nous appelons, nous ne savons pourquoi, les Bambara. Ce peuple parle un dialecte malinké. C'était un État monarchique, absolu et guerrier. La famille régnante est celle des Massassi Courbari, réfugiés, dit-on, du Ségou, à la suite d'une révolte de leurs esclaves.

Il se trouvait dans le Kaarta une espèce d'armée permanente divisée en plusieurs corps. Cet État ne vivait, pour ainsi dire, que de la guerre, aussi était-il regardé comme le plus puissant et le plus redoutable de tout le haut Sénégal. Se mêlant, moyennant salaire, aux luttes du Khasso, du Gadiaga, du Bondou, et toujours dans le parti opposé à celui que soutenait le Fouta Sénégalais, son influence était devenue considérable dans ces contrées. Les princes du Bondou épousaient les filles des rois bamana. Dans le Gadiaga, le Kaméra était étroitement allié avec eux, les Guidimakha étaient devenus leurs véritables tributaires; le Khasso avait été désorganisé par eux, et ses chefs étaient presque leurs vassaux.

Dans toutes leurs guerre les Bamana faisaient un grand nombre d'esclaves; ils en vendaient beaucoup à l'extérieur, mais ils en gardaient aussi beaucoup pour en faire des combattants à la guerre. Ces esclaves étaient fortement organisés, et formaient, dès lors, une classe d'individus puissants, qui avait ses chefs, esclaves eux-mêmes.

Or, à une certaine époque, à la suite de mauvais traitements infligés par le roi du Kaarta au chef de ses esclaves guerriers, il y eut une révolte générale des esclaves qui quittèrent le pays avec leurs familles. Poursuivis par leurs maîtres, ils ne purent être entamés par eux dans la forte position où ils s'étaient retranchés ; ils continuèrent leur migration vers l'est, et allèrent renforcer le royaume de Ségou, dont s'étaient emparés autrefois les captifs révoltés des Massassi-Courbari, qui régnaient à Ségou-Koro.

La capitale du Kaarta, du temps de Mungo-Park, était Kemmou ; plus tard, ce fut Elimané, et aujourd'hui, c'est Nioro.

Les chefs du Kaarta, ne vivant que de rapines, étaient cruels et profondément vicieux. Ce pays avait en lui-même un ennemi dangereux ; une peuplade soninké, nommée les Djiavara, habitait une partie du Kaarta, où elle avait même autrefois dominé. Subjugués par les Bamana, ils supportaient impatiemment leur domination, et depuis une dizaine d'années, il y avait une véritable guerre entre eux. Al-Hadji, quand il entreprit la conquête du Kaarta à la tête des Toucouleur du Fouta-Dialon et du Fouta Sénégalais, profita de ces divisions, et sut attirer dans son parti les Djiavara, en leur promettant l'indépendance. En une campagne (1855), il balaya les Bamana, qui se réfugièrent dans le Foula-Dougou.

Ces événements méritent d'autant plus l'attention de l'historien, qu'ils ne sont qu'un incident d'une loi générale dans cette partie de l'Afrique.

Il paraîtrait que, dans toutes ces contrées, la race soninké avait autrefois dominé, qu'elle fut supplantée et subjuguée par la race malinké, qui forma les quinze États dont nous avons parlé page 26, et, à notre époque, nous assistons à la période de prédominance de la race poul, qui envahit et subjugue un à un les États malinké et les débris des États soninké, pour en faire des États musulmans, soumis à des marabouts, d'origine poul.

La marche générale de ces substitutions de races a lieu de l'orient à l'occident; de même qu'en Europe, les substitutions successives des dominations celtique, germanique et slave.

Les derniers rois du Kaarta sont :

1789. — Décé ou Décé-Koro.
1802. — Moussa-Kourobo.
1811. — Tiguin-Koro.
1815. — Sakhaba.
1818. — Moriba.
1835. — Garan.
1844. — Mahmadi-Kandia, détrôné par Al-Hadji.

Les Bambara du Kaarta, réfugiés dans le Foula-Dougou, se sont donnés pour roi, en 1856, Déringa-Mori.

Depuis qu'Al-Hadji est maître du Kaarta, les

Djiavara ont vu qu'ils n'avaient rien gagné, au contraire, à changer de maîtres, et aujourd'hui, depuis nos succès de Médine surtout, ils font la guerre aux gens d'Al-Hadji. Une partie des Bamana, réfugiée dans le Foula-Dougou, tente de rentrer dans le Kaarta, et bon nombre d'entre eux sont venus s'établir sous la protection de nos postes de Médine, de Bakel et de Sénoudébou.

Les Bambara et les Kaarta, au temps de leur puissance, étaient jaloux de nous, et s'opposaient à notre extension vers l'est, craignant que notre influence ne se substituât à la leur. Ce sont eux qui mirent longtemps obstacle à notre établissement à Médine.

Si leur pays se reconstitue par la retraite définitive d'Al-Hadji, il faut espérer qu'ils chercheront à s'appuyer sur nous, au lieu de nous redouter. Leur pays, quoique fertile n'exporte guère que des esclaves, de l'or, de l'ivoire, des pagnes et du beurre végétal; ils ont beaucoup de beaux chevaux.

En dessous des princes Massassi, il y a une classe d'hommes libres nommés Khassalanké, dont les chefs sont venus habiter Médine depuis qu'ils ont été chassés de leur pays par Al-Hadji.

La population du Kaarta devait être de plusieurs centaines de milliers d'habitants, soit 300,000.

LE SÉGOU.

Le Ségou, État non musulman très-puissant, qui occupe les rives du Djoliba (haut Niger), sur une longueur de plus de 100 lieues, de Kangaba (Kaniaba) à Djenné exclusivement, et qui a pour tributaires les pays de Bakhounou, Foula-Dougou, Gadougou, Mandin, Baléa, Ouassoulou, etc., est une monarchie absolue et héréditaire. Les habitants sont Bamana (Bambara), comme ceux du Kaarta.

La famille régnante était anciennement celle des Massassi-Courbari : à la suite d'une révolte des esclaves, ils furent massacrés. Quelques-uns s'échappèrent et allèrent fonder le Kaarta ; d'autres furent conservés comme captifs dans le pays, à Ségou-Koro, qui était leur capitale, et leurs descendants, quoique entourés de considération, portent une chaîne d'argent, comme signe de servitude. Depuis cette révolution, c'est la famille du chef des esclaves qui règne.

La capitale actuelle est Ségou-Sikoro, près de Ségou-Koro.

Ségou est la ville la plus considérable de tout le cours du Djoliba (haut Niger) ; c'est un pays très-commerçant. On s'y sert, comme monnaie, d'un petit coquillage, nommé kouronkicè (cauris), et qui est importé par les Européens.

La navigation, sur le Djoliba, se fait au moyen de grandes pirogues, construites avec des troncs de benténier.

Le fondateur de l'État musulman du Macina, nommé Chikh-Amadou, taliba poul de Djenné, fit, il y a quarante ans, au royaume de Ségou, une terrible guerre, à la suite de laquelle il y eut une grande famine dans les deux pays. Chikh-Amadou mourut, ainsi que Da, le roi de Ségou. Leurs successeurs firent la paix. Depuis ce temps, le Macina exerce une certaine influence sur le Ségou, et nous avons vu une chose très-singulière en 1855 : c'est le Macina repoussant Al-Hadji-Omar, lorsque celui-ci, après avoir conquis le Kaarta, voulait envahir le Ségou. Les marabouts du Macina, regardant les populations du Ségou comme leurs néophytes, ne veulent pas laisser entreprendre leur conversion par d'autres, et cela se comprend d'autant mieux, que la manière de convertir des musulmans est très-lucrative pour les convertisseurs.

Nous entretenons, jusqu'à présent, peu de relations avec le Ségou; cependant quelques petites caravanes s'échangent tous les ans entre ce pays et nos postes de Bakel et de Médine.

Ces relations deviendraient beaucoup plus importantes et fréquentes, si les pays intermédiaires offraient toute la sécurité désirable, ou si, par la création de postes nouveaux sur le Bafing, nous nous rapprochions du Djoliba.

Depuis une quinzaine d'années, la route directe de Médine à Ségou, par le Kaarta, était interceptée par la guerre des Bambara avec les Djiavara. Il fallait faire un détour vers le nord et passer par les étapes suivantes :

1re JOURNÉE. — Médine, Khoulou, Modia (*Khasso*).

2e JOURNÉE. — Koniakaré, Marila, Sakarégui, Béenna (*Kaarta*).

3e JOURNÉE. — Elimané, Diakgalé, Fanga (*Kaarta*.)

4ᵉ JOURNÉE. — Tango, Khas, Khoré (*Kaarta*).

5ᵉ JOURNÉE. — Guinné-Makha-Mboubou, Falaba-Mociré, Bouloul, Diagana (*Kaarta*).

6ᵉ JOURNÉE. — Khandiaré, Débo, bivouac dans un lieu désert (*Kaarta*).

7ᵉ JOURNÉE. — Diangounté, Foullasso (*province tributaire de Ségou*).

8ᵉ JOURNÉE. — Miniani, Golomboubou (*Ségou*).

9ᵉ JOURNÉE. — Dibala, Sakhabala (*Bélédougou*).

10ᵉ JOURNÉE. — Touloukoro, Guécinné, Kanion (*Bélédougou*).

11ᵉ JOURNÉE. — Modi-Bougou, Bamoko, Dédougou (*Bélédougou*).

12ᵉ JOURNÉE. — Colombaria, Niamina, Ségou-Koro (*Ségou*).

Total, 12 journées, et 20 avec des bêtes de somme chargées, ânes et bœufs.

Il y a aussi une route de Bakel à Ségou, par le Bondou, le Bambouk et le Fouta-Dialon.

Elle passe par les lieux suivants :

Bakel (*Gadiaga*).
Boulébané (*Bondou*).
Koussam *idem*.
Goudéri *idem*.
Boukhlako *idem*.
Bado (*Mahmoudou*).
Madina (*Bambouk*).
Sdadaougou *idem*.
Konkodougou (*Konkodougou*).
Bounni *idem*.
Bamméré *idem*.

(Diangounté est sur le Babilé qui, d'après le courrier informateur, communique avec le Djoliba et non avec le Sénégal. Ce ne serait donc pas le Baoulé qui se réunit au Bafing ? Cependant, *baoulé* et *babilé* ont la même signification : rivière rouge. Rouge se dit, en khassonké, *oulé* ; en bambara, *bilé*.)

Farba (*Farba*).
Tamba (*Dialonkadougou*, tributaire du Fouta-Dialon.)
Ménien *idem*.
Bouré (*Ségou*).
Séguiri sur le Djoliba (*Ségou*.)

Kangaba sur le Djol. (*Ség*.)
Bammako *idem*. *idem*.
Manabougou *idem*. *idem*.
Kouloukoro *idem*. *idem*.
Kénenkou *idem*. *idem*.
Niamina *idem*. *idem*.
Ségou-Koro *idem*. *idem*.
Ségou-Sikoro *idem*. *idem*.

Cette route est moins directe et doit être plus longue que l'autre.

Les principaux produits du Ségou sont des esclaves, de l'or, de l'ivoire et des boubous (1) de coton du pays, admirablement teints avec l'indigo du pays et brodés d'une manière remarquable avec la soie qui vient des Européens, soit par les caravanes du désert, soit par les Anglais de Sierra-Léone, qui entretiennent, par le Fouta-Dialon, quelques relations de commerce avec Ségou. Ces boubous coûtent plusieurs centaines de francs.

Les Maures qui fréquentent le Ségou et font du commerce avec lui, craignent beaucoup que ce marché ne finisse par tomber, comme tant d'autres, à leur détriment, entre les mains des Européens. Aussi cherchent-ils à exciter, chez les gens de ce pays, des craintes superstitieuses contre nous. C'est d'eux que doit venir cette croyance, que tout roi bambara, qui voit un blanc, meurt nécessairement peu de temps après.

(1) Espèce de grandes chemises sans manches.

On peut supposer, au Ségou, une population de 500,000 habitants. Mais, nous le répétons, en dehors de Saint-Louis, des villages sous nos postes et du Oualo, toutes nos évaluations de population ne reposent sur rien.

Le roi actuel de Ségou se nomme Toro-Koro-Mori. Il est âgé de trente-cinq à quarante ans.

Chez les peuples malinké, l'hérédité est collatérale. Tous les frères et cousins se succèdent les uns aux autres, et ce n'est qu'après la mort du dernier qu'on passe à la génération suivante.

Les derniers rois de Ségou sont :

1783.—Mansong.
1800.—Da, fils de Mansong.
1825.—Tiéfolo, *idem.*
1837.—Nianamba, *idem.*
1838.—Bélé, fils de Mansong.
1846.—Naré-Koma, *idem.*
1848.—Manabougou-Demba, *idem.*
1853.—Toro-Koro-Mori, neveu de Mansong.

Il existe encore cinq autres neveux de Mansong, qui attendent leur tour de régner.

Pays tributaires du Ségou.

Le Fouladougou, gouverné par un roi, est habité par des Malinké et par des Poul parlant malinké, qui sont pasteurs et cultivateurs, mais non commerçants. Le pays est montagneux ; il produit de l'ivoire ; il peut avoir 80,000 habitants (?).

Le Bélédougou, plus grand que le précédent, et plus peuplé (150,000 habitants ?), gouverné aussi par un roi, est habité par des Bamana (Bambara), pasteurs et cultivateurs. Il fait très-peu de commerce.

Le Bakhounou, tributaire des Maures Eli-ould-Amar (Ludamar des géographes), ainsi que du Macina et du Ségou, est gouverné par un roi. Les habitants sont des Bamana pasteurs, cultivateurs et commerçants. Ils font le commerce du sel, qu'ils tirent des Maures, et qu'ils vont vendre aux noirs.

Le Gadougou, le Mandin (comprenant le Baléa) et le Ouassoulou ont pour nous peu d'importance par eux-mêmes, à cause de leur éloignement.

LE BOURÉ.

Le Bouré est le pays aurifère par excellence, situé sur un bras du Djoliba, qui coule entre ce fleuve et le haut Sénégal ou Bafing, à 30 lieues environ de ce dernier. Les habitants sont des Bidiga. Ils parlent bambara.

Le Bouré se compose d'une dizaine de villages, situés à 2 ou 3 lieues seulement les uns des autres, dans une vaste plaine non boisée. Le village de Bouré, placé à une demi-journée du bras de Djoliba, en est la capitale. Il est très-considérable et est entouré d'un tata ou mur d'enceinte en terre glaise.

Les habitants font des trous pour extraire l'or, et c'est dans ces trous qu'ils trouvent l'eau qu'ils boivent. L'or ne s'extrait pas seulement en paillettes de la terre, mais aussi de pierres plates extraites du sol et que l'on brise.

On ne cultive pas la terre dans le Bouré ; mais il s'y trouve de nombreux troupeaux et de vastes pâturages.

Les habitants sont nombreux, riches. bien armés de fusils, et ils se réfugient dans leurs trous de mine, quand ils sont attaqués par leurs ennemis. Ces trous ont de 5 à 6 mètres de profondeur, avec de longues galeries horizontales.

Les Dialonké (habitants du Dialonkadougou) et anciens habitants du Fouta-Dialon) vont acheter de l'or, à Bouré, pour leur usage. Des habitants du Baléa viennent aussi acheter cet or pour aller le vendre dans le Fouta-Dialon, ou aux comptoirs européens de la côte.

Ce pays est gouverné par un roi. Les chefs sont musulmans ; ils ont été convertis à cette religion par les Dioula, marchands voyageurs, pour la plupart soninké. Les jeunes gens, et la masse du peuple, sont encore indifférents, et font usage des liqueurs fortes.

Il y a une route qui mène du Bambouk au Bouré.

Entre le Bouré et le Bambouk se trouve le village fortifié de Tamba, village ennemi des musulmans, et qui, à ce qu'il paraît, faisait payer tribu au Bouré.

La prise et la destruction de Tamba fut le premier fait d'armes d'Al-Hadji-Omar dans sa guerre sainte. Aussi les gens de Bouré lui sont-ils dévoués, à ce qu'on dit. Après le passage d'Al-Hadji, Tamba a été rétabli par ceux des habitants qui avaient échappé au massacre.

Les pays non musulmans qui entourent Bouré, le Dialonkadougou, le Gadougou, le Foula-Dougou. sont ennemis d'Al-Hadji. Le Bouré est habituellement en guerre avec le Ouassoulou, État non musulman.

Ces renseignements sur le Bouré ont été donnés par le nommé Toumané, soldat au bataillon de tirailleurs sénégalais, natif du Nabou, pays habité par les Dialonké, à une journée de marche du Bouré, du côté du Dialonkadougou.

GUIDIMAKHA.

Une peuplade soninké habitait en souveraine le Gangari ou Gangara, pays situé sur la rive droite du Sénégal, un peu dans l'intérieur, à l'ouest du Diafouna, province du Kaarta, et vis-à-vis du Gadiaga. Envahie, comme tant d'autres, par les Maures, qui la soumirent à un tribut après l'avoir convertie à l'islamisme, elle fut obligée ensuite de quitter l'intérieur pour tenter de se soustraire à leurs déprédations. Refoulée sur les bords du Sénégal, elle se divisa en deux fractions : l'une forma une douzaine de grands villages, sur la rive droite, depuis Diaguila, en face de Bakel, jusqu'au Khasso, sous le nom soninké de *guidi-makha*, qui veut dire les hommes des rochers ; l'autre traversa le fleuve et alla s'établir dans le Fouta-Damga, sous le nom d'*aéré-nké*, qui veut dire aussi hommes des rochers. Aéré, en poul, veut dire rocher.

Le principal village des Guidimakha, Diaguila, est sur un rocher escarpé sur le bord du fleuve.

Ces Soninké sont cultivateurs et commerçants. Ils sont organisés en autant de républiques qu'il y a de villages. Ils sont ombrageux, turbulents et fanatiques ; cependant, comme ils ont le goût du commerce, ils s'entendraient assez bien avec nous, s'ils n'avaient pas été englobés par force dans le parti d'Al-Hadji. Leurs villages sont jusqu'aujourd'hui pleins de Toucouleur de l'armée d'Al-Hadji, qui leur font la loi, et les forcent à commettre des hostilités contre nous et contre les caravanes de Maures qui apportent des gommes à Bakel.

Avant la guerre d'Al-Hadji, les Guidimakha étaient tributaires des Bambara du Kaarta et des Maures Douaïch. Al-Hadji les a affranchis de ces tributs ; mais, s'il ne revient pas, les Guidimakha payeront probablement très-cher leur moment d'indépendance.

On peut évaluer la population des Guidimakha à 30 ou 40,000 âmes. Leurs villages sont grands et fortifiés par des murs d'enceinte en terre glaise ou tata.

LE MACINA.

Vers le commencement du dix-neuvième siècle, tout le cours du Djoliba ou haut Niger, de Tembouctou à Djenné inclusivement, subit la domination poul, qui se substitua, dans toutes ces contrées, aux dominations des Malinké (ou Bambara), des Soninké et même des Maures. Aujourd'hui, à Tembouctou, les Touareg (Berbers) et les Poul se disputent la ville; et quant à tout le pays, de Tembouctou jusqu'à Djenné inclusivement, il forme, sous le nom de Macina, un État poul puissant et compacte, fondé, il y a quarante ou cinquante ans, par le cheikh Amadou, taliba (élève marabout) de Djenné, qui fit, pendant toute sa vie, une rude guerre sainte au Ségou, pour le convertir. Son fils, régnant aujourd'hui, a repoussé Al-Hadji de ses frontières, en 1856.

Cet État du Macina n'est pas en relations commerciales avec nous. Il doit exciter cependant notre attention, car si nous parvenons un jour à mettre le pied dans le haut Niger, c'est probablement à lui que nous aurons surtout affaire, soit que, n'obéissant qu'à son fanatisme, il nous fasse une guerre à outrance, soit qu'au moyen de concessions réciproques, il consente à entretenir avec nous des relations pacifiques et commerciales.

LES TRARZA.

La rive droite du Sénégal, depuis les bords de la mer jusqu'au marigot de Mahguen (*mahguen*, entonnoir), vis-à-vis de Gaé, et sur une profondeur variable et indéterminée, mais qu'on peut évaluer à plus de 100 lieues, est ce qu'on appelle le pays des

Trarza. Ce nom Trarza n'est, à proprement parler, que celui de quelques familles arabes dominantes qui sont : les Ouled-Dahman, les Ouled-bou-Alia, les Aleb, les Moussat. Les fractions des Ouled-Dahman sont : les Ouled-Ahmed-ben-Dahman, Hal-Attam, Ouled-Sasi, Hal-Aboulla, Hal-Agmoutar, Ouled-Mohaimedat. Ces familles dominent toutes les populations arabes, berbères, mulâtres et noires, qui vivent en nomades sur le territoire dont nous avons donné ci-dessus les limites. Les Français ont appliqué le nom de Trarza à toutes ces populations, et nous appelons roi des Trarza le cheikh des Ouled-Ahmed-ben-Dahman, élu par les siens comme chef de toute la tribu des Trarza, et qui, par suite, commande à toutes les populations soumises, tributaires, affranchies et esclaves, qui habitent son territoire.

Ce roi est plus ou moins puissant, plus ou moins obéi, suivant qu'il a su, par sa valeur ou par son adresse, bien asseoir son autorité et annuler ses rivaux.

Le roi actuel, Mohammed-el-Habib, qui règne depuis vingt-cinq ans, est devenu roi absolu, et il n'a pas plus à craindre une révolte des populations soumises à son pouvoir, que des rivalités dans sa famille.

En ce moment, son peuple, à moitié détruit, et tout à fait ruiné par une guerre de trois ans avec nous, périt, sans oser imposer à son chef une paix qu'il désire vivement.

Les tribus à chameaux sont tout à fait retirées dans l'intérieur avec le roi et se mêlent aux guerres des Douaïch.

Les tribus sans chameaux sont réfugiées dans le Cayor ou se cachent, affamées, à une dizaine de lieues du fleuve.

Parlons maintenant de la composition de la nation des Trarza.

Comme nous l'avons dit page 17, les Berbers Zénaga furent les premiers blancs qui dominèrent sur les bords du Sénégal. Ils y furent supplantés dans le onzième siècle de notre ère par les Arabes Beni-Hassan, fraction des Makil. Or les Trarza sont des Beni-Hassan, et les Berbers Zénaga, qui habitaient depuis la mer jusqu'au marigot de Mahguen, sont devenus leurs tributaires. Une partie des tribus berbères Zénaga échappèrent ensuite, à cause de l'influence religieuse qu'elles acquirent comme marabouts, aux tributs imposés ; et, comme au Sénégal, le mot Zénaga, qui a perdu aujourd'hui sa signification historique, est devenu synonyme de tributaire, ces tribus de marabouts repoussent ce nom de Zénaga ; elles se désignent chez les Maures par le nom de Tolba (pluriel de taleb, qui veut dire étudiant, ou de Zouaia, sociétés des religieux) ; elles parlent le berbère zénaga, tandis que la plupart des tributaires, nommés chez les Maures zénaga, ne sont pas Zénaga de race et ne parlent qu'arabe.

Ainsi, les habitants du pays des Trarza seraient composés à moitié de Berbers et d'Arabes ; mais comme les uns et les autres se sont mêlés depuis des siècles aux noirs, et qu'il se trouve même parmi eux la moitié au moins de noirs purs, captifs ou anciens captifs, qui ont adopté les mœurs, les vices et le genre de vie de leurs maîtres, on doit dire que les Maures Trarza se composent, par tiers environ, de mulâtres arabes, de mulâtres berbers et de noirs affranchis ou esclaves, tous nomades.

C'est sur cet amalgame que règne Mohammed-el-Habib de la famille des Ouled-Ahmed-ben-Dahman.

Comme nous l'avons dit, les tribus dominantes sont les Beni-Hassan ou Hassan. Au Sénégal, on a fait de hassan, comme de zénaga, un nom commun : *hassan* veut dire prince, guerrier ; *zénaga* veut dire tributaire.

Les descendants des Beni-Hassan, dans le pays des Trarza, sont :

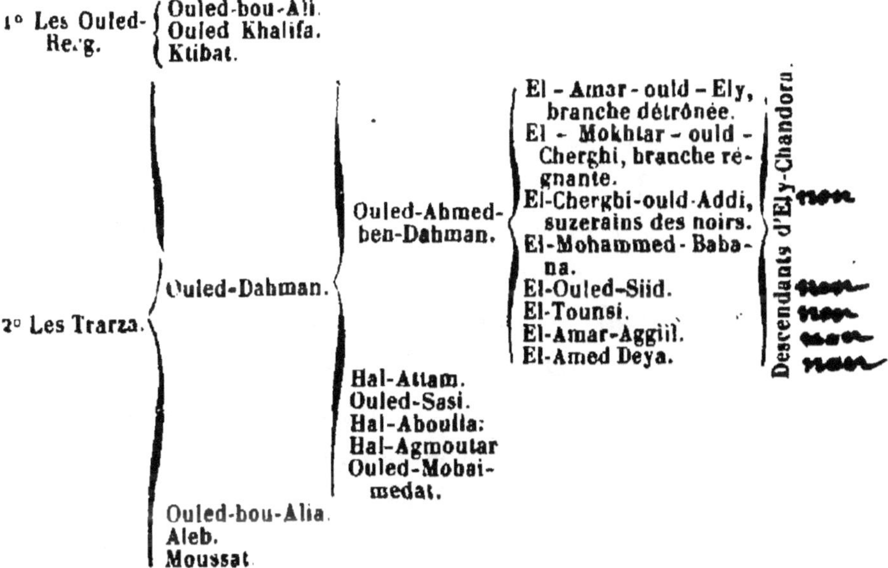

3° Les Azouna. { Ouled-Beniouk. Ouled-Akchard.

4° Les Rahhla. Payent des tributs aux princes.

5° Les Mradin idem.

6° Les Aouidja, les Sbiaat, les Ouled-el Fari, les Ouled-Aïd, les Loumag, les Ouled-abd-el-Ouahad, les Ouled-Rahmoun, etc.

Ces dernières tribus, peu considérées, payent des tributs aux princes, et, chose singulière, sont appelées zénaga, dans le sens de tributaires, quoiqu'elles soient d'origine arabe.

Parmi ces Hassan, les Ouled-Rezg prétendent qu'ils dominaient dans le pays avant l'arrivée des Trarza, et qu'ils sont plus nobles qu'eux; mais refoulés par eux vers le sud, ils se sont presque confondus avec les noirs du Oualo, et n'ont plus d'importance. Parmi eux, la fraction des Ouled-bou-Ali s'est complétement donnée à nous dans la dernière guerre.

Après les Hassan, viennent deux tribus arabes El-Mehalla d'une autre origine ; ce sont : 1° les Bouïdat, venus du Maroc du temps d'Ely-Chandoura, c'est-à-dire au commencement du dix-huitième siècle; 2° les Ouled-Rguig, venus plus récemment du même pays.

Parmi les tribus berbères d'origine se trouve une seule tribu encore guerrière de nos jours : c'est celle des Nirzig, comprenant les deux fractions Takharedjent et Dagbadji ; elles étaient toutes deux tributaires des Ouled-Dahman. Aujourd'hui, il n'y a plus que la dernière qui soit soumise à un tribut.

Les autres tribus, d'origine berbère, sont toutes des tolba ou marabouts. Les principales sont : les

Ouled-Diman, habitant dans l'intérieur ; les Koumlaïlen, qui font beaucoup de commerce dans le Cayor ; les Tendagha, qui habitent les environs de Saint-Louis et approvisionnent cette ville de lait et de beurre; les Ntabou, qui ont oublié la langue berbère; les Tachedbit, chez lesquels quelques vieillards seuls la parlent encore; les Aïd-Rmadjik, renommés par la pureté avec laquelle ils la parlent; les Tagounanet; les Azguiat, etc.

Une grande tribu de marabouts, d'origine berbère, et qui jouit d'une certaine indépendance vis-à-vis des Trarza comme récompense, dit-on, de ce qu'ils ont, les premiers, vendu aux Europeens la gomme, source de richesse pour ces peuples, est celle des Aïdou-el-Hadj, que les noirs appellent Darmanko, et nous Darmancours. Enfin viennent des tribus ou fractions d'affranchis qu'on appelle Ahratin, et dont la principale est celle des Zomboti. Ces Ahratin sont des noirs presque purs.

Faisons maintenant connaître une autre division des Trarza, une division géographique, division d'où est résulté une différence d'habitudes et de genre de vie.

On appelle El-Guebla (les méridionales) les tribus guerrières, Hassan ou non, qui, par leur position méridionale, fréquentèrent plus que les autres le fleuve, pénétrèrent plus habituellement sur la rive gauche, se mêlèrent plus complétement aux noirs, perdirent leurs chameaux et leurs chevaux de race, auxquels les bords du fleuve sont fatals pendant l'hivernage, multiplièrent, au contraire, leurs troupeaux de bœufs, qui y trouvent en tout temps d'immenses pâturages, et contractèrent, plus que les autres, des habitudes de brigandage. Ces tribus sont donc devenues incapables de parcourir les profondeurs du désert, et, par suite, c'est sur elles que la guerre actuelle a surtout pesé, ainsi que sur les tribus de marabouts, qui se trouvent dans le même cas.

Les tribus dites El-Guebla sont : les Azouna (Ouled-Béniouk et Ouled-Akchar), qui sont des Arabes Hassan ; les Ouled-Rezg (Ouled-bou-Ali, Ouled-Khalifa, Ktibat), qui sont des Arabes Hassan ; les Nirzig (Dagbadji et Takharadjent), qui sont des Berbers Zénaga. Peut-être parviendrait-on à les séparer complétement des Trarza et à les fondre avec le Oualo ; mais ils auraient besoin d'être surveillés de près, pour ne pas retomber dans leurs habitudes de brigandage.

Les Maures Trarza qui, il y a cent ans, payaient encore des tributs aux Ouolofs du Oualo pour s'approcher du fleuve, s'emparèrent de la rive droite au commencement de ce siècle, puis ils ne tardèrent pas à dominer complétement, même dans le Oualo de la rive gauche ; et comme il n'entrait pas alors dans les vues du gouvernement français de protéger les États noirs contre les envahissements des Maures, la reine du Oualo, Guimbotte, pour conjurer la destruction totale de son peuple, n'eut d'autre ressource, en 1833, que d'épouser le roi des Trarza, Mohammed-el-Habib.

C'était de la part de celui-ci un grand coup de politique, mais qui aura été cause de sa ruine, parce que le gouvernement français s'est décidé depuis à lui disputer la rive gauche, et que Mohammed-el-Habib, dans son orgueil, ne veut pas abandonner ses prétentions sur ce pays, et les droits naturels, quoique niés par les traités avec nous, de son fils Ely, à la succession de sa mère Guimbotte.

Les Trarza étaient déjà presque maîtres dans le Cayor, et surtout dans le Ndiambour. C'est tout au plus si nos trois années de guerre ont diminué leur influence sur ces pays, qui, cependant, jouissent aujourd'hui d'une sécurité dont ils n'avaient pas l'habitude.

Sous le règne de Mohammed-el-Habib, le pouvoir des Trarza s'était étendu sur les deux rives du fleuve, même au-dessus du Oualo; il existe encore sur le Dimar, sur la moitié des Brakna (parti de Mohammed-Sidi). Il avait aussi acquis beaucoup d'influence dans le désert sur les tribus d'Ould-Aïda (Ouled-Yaia-ben-Othman) qui habitent l'Adrar, sur les Douaïch, et, en général, sur tous ses voisins.

Aujourd'hui, son prestige est un peu tombé, et quand on le croira assez abattu, il y aura probablement une forte réaction contre sa tribu.

M. Caille, qui fut longtemps chargé des affaires du fleuve, évaluait la population des Trarza à 55,000 âmes, dont 25,000 de tribus guerrières, et 30,000 de tribus de marabouts; il leur supposait

6,000 fusils. Ils ne nous ont pas opposé, dans cette guerre, une résistance en rapport avec de pareilles forces. Aussi nous paraissent-elles exagérées, surtout sous le rapport du nombre des fusils.

Les Trarza nous vendent, année moyenne, de 4 à 500,000 kilogrammes de gommes, en échange de guinées bleues de l'Inde et de diverses autres marchandises. Ils vont ensuite, en caravanes, revendre une partie de ces marchandises, dans les pays qui les entourent.

Les Maures ne nous vendirent leurs gommes, jusqu'en 1854, qu'à des escales ou foires annuelles qu'on ouvrait sur des points choisis du fleuve, d'accord avec eux. Le gouvernement envoyait un stationnaire pour les surveiller; tous les Maures du désert, commerçants ou non, se donnaient rendez-vous à ces foires, comme à une fête. Le gouvernement français payait une coutume convenue aux rois maures, et ceux-ci percevaient, en outre, des droits assez forts sur les navires marchands qui commerçaient à l'escale. Sur les demandes réitérées du commerce français, ce système a été abandonné, malgré l'opposition des Maures, qui n'en ont pas encore pris leur parti. Aujourd'hui, nous ne voulons acheter les gommes que dans nos établissements, Saint-Louis, Dagana, Podor, Matam, Bakel, et cela, pendant toute l'année, en attendant qu'une sécurité complète et solidement établie permette peut-être, dans l'avenir, de laisser une liberté absolue au commerce des gommes, comme cela a lieu pour les autres produits. Les coutumes du gouvernement ont cessé d'être payées, et pour remplacer les coutumes exigées du commerce, qui semblaient nous faire les tributaires des Maures, on a proposé à leurs rois de leur faire percevoir un droit de sortie équivalent sur leurs gommes. Jusqu'aujourd'hui, les Douaïch seuls ont accepté ces nouvelles conditions. Il y a lieu d'espérer que les Trarza et les Brakna ne tarderont pas à les imiter.

Passons à quelques renseignements sur la famille royale des Trarza. Le mode de succession est héréditaire par voie collatérale masculine, mais avec la sanction des principales branches de la famille.

Tous les Trarza, proprement dits, descendent de Terrouz, qui leur a donné leur nom (*trarza*, forme plurielle de *terrouz*).

Les Ouled-bou-Alia, les Aleb et les Moussat, sont aujourd'hui les moins puissants parmi eux.

Les Ouled-Dahman, descendant de Dahman, forment les tribus dominantes de la nation.

Les Ouled-Ahmed-ben-Dahman en sont la fraction principale; ils sont, comme leur nom l'indique, descendants d'Ahmed, fils de Dahman. Ils se divisent en deux branches, l'une descendant de Brahim, fils d'Ahmed, qu'on appelle les El-Tounsi, qui ne donne pas de rois, mais contribue à leur élection; l'autre, descendant d'Addi, l'aîné des fils d'Ahmed (et qui a donné son nom à Portendik, *port d'Addi*), se subdivise encore en deux branches : celle qui descend de Cherghi, fils d'Addi, qu'on appelle El-Cherghi-ould-Addi, ne donne pas non plus de rois, et a seulement beaucoup d'influence sur les élections ; c'est la branche de Mohammed-Chein et de ses fils, qui se dit la suzeraine de tous les pays des noirs, et leur faisait payer tribut, même au Damel (1). L'autre branche est celle qui descend d'Ely-Chandora (dont il est parlé dans l'histoire du Père Labat), et dans laquelle sont choisis les rois des Trarza.

Le fils aîné d'Ely-Chandora fut Amar, qui régna après lui, et tous les rois, jusqu'en 1817, furent les frères, les fils, petits-fils et arrière-petits-fils de cet Amar-ould-Ely, savoir : après lui ses trois frères, Mokhtar, Mohammed-Babana et Addi; puis son fils Mokhtar, puis les quatre fils de ce Mokhtar, savoir : Mohammed-ould-Mokhtar, Ely-Kouri, Aléït et Amar-Coumba.

Ensuite vinrent les fils d'Ely-Kouri, Mohammed-Ely-Kouri et Mokhtar. Ceux-ci ayant été appelés très-jeunes à régner, le prince Amar-ould-Mokhtar, de la famille royale, comme descendant d'Ely-Chandora, non par Amar, le père du rameau régnant, mais par Cherghi, fut régent, puis usurpateur.

Mokhtar, après avoir lutté contre lui, abandonna

(1) Les deux branches El-Tounsi et El-Cherghi-ould-Addi ont reçu le sobriquet de Khandoussa (nom d'un insecte qui passe pour en dévorer de plus petits), sous lequel ils sont connus au Sénégal. Ils sont les plus riches des princes trarza. Quand ils sont mécontents et ne peuvent pas avoir le dessus chez les Trarza, ils vont dans l'Adrar et se joignent aux Ouled-Yaya-ben-Othman.

ses droits, mena une existence vagabonde, et fut fusillé à Saint-Louis, pour avoir assassiné un traitant aux escales. Amar-ould-Mokhtar, resté paisible possesseur du pouvoir, mourut en le léguant à son fils, Mohammed-el-Habib, qui règne sans conteste depuis vingt-cinq ans, mais qui n'en est pas moins un usurpateur. Mokhtar, le fusillé, a laissé un fils, nommé Ely-Koury, qui a une trentaine d'années, et est un des prétendants légitimes. Il y a un autre descendant direct du rameau royal (celui d'Amar-ould-Ely). C'est un nommé Alia, âgé de quarante ans environ, petit-fils d'Amar-Coumba, qui était lui-même petit-fils d'Amar-ould-Ely.

Mohammed-el-Habid avait six frères, dont plusieurs ont eu ou ont laissé postérité. Il n'était pas l'aîné de ses frères ; on l'accuse d'avoir fait assassiner son frère Ould-el-Eigat.

Un autre, Ely-Khamlech, a été tué dans le Cayor, et a laissé un fils, qu'on appelle Ould-Ely-Khamlech.

Mohammed-el-Habib regarde comme son héritier au trône son fils aîné Sidi (trente-cinq ans environ), qu'il a eu d'une princesse Trarza.

Il destinait la rive gauche du fleuve à son fils Ely, qu'il eut de la reine du Oualo.

Il a eu trois autres fils plus jeunes d'une princesse des Ouled-Dahman.

LES BRAKNA.

Le territoire des Brakna s'étend sur la rive droite du fleuve, depuis le marigot de Mahguen jusqu'à El-Modinalla.

Les Brakna offrent, comme race, une composition identique à celle des Trarza, c'est-à-dire qu'ils se composent d'un tiers de mulâtres d'origine arabe, descendant des Beni-Hassan, d'un tiers de mulâtres d'origine berbère, descendant des Zénaga, et d'un tiers de noirs purs, captifs ou affranchis, nomades avec leurs maîtres ou patrons.

Les institutions sont aussi les mêmes que celles des Trarza. Le roi est pris dans une branche de la famille des Brakna proprement dits, avec la sanction des principales autres branches de la famille.

Le père des Brakna était Berkani (*Brakna* est la forme plurielle de *Berkani*), fils de Haddadj, comme Terrouz, le père des Trarza.

Abd-Allah, arrière-petit-fils de Berkani, eut sept fils, qui furent les auteurs des diverses tribus des Brakna, savoir :

1° Mohammed, père de Siid, d'où viennent les Ouled-Siid, et de Nokhmach, père des Ouled-Nokhmach ;

Les Ouled-Siid et les Ouled-Nokhmach prennent quelquefois le nom cellectif d'Ouled-Mhammed.

2° Mansour, père des Ouled-Mansour ;

3° Ely, père des Ouled-Ely ;

4° Bakar, père des Ouled-Bakar.

Les Ouled-Siid, les Ouled-Nokhmach, les Ouled-Mansour, les Ouled-Ely et les Ouled-Bakar prennent habituellement le nom collectif d'Ouled-abd-Allah.

Les Ouled-Ahmed sont Brakna, comme descendant de Berkani, mais ils ne sont pas Ouled-abd-Allah.

Voici la série des rois des Brakna, depuis Abd-Allah jusqu'à Ahmédou, qui fut nommé en 1817 :

Abd-Allah.
Mhammed-ben-abd Allah.
Siid-ben-Mhammed.
Mokhtar-ben-Siid.
Aghrichi-ben-Mokhtar.
El-Mokhtar-ben-Aghrichi.
Mhammed-ben-el-Mokhtar.
Sidi-Aly-ben-Mhammed.
Ahmédou-ould-Sidi-Aly.

Ahmédou, de 1817 à 1841, année de sa mort, gouverna les Brakna avec sagesse et fermeté, et porta leur puissance à son apogée. Il fut toujours notre ami, excepté pendant un instant, en 1819, lorsque le roi des Trarza ameuta tout le pays contre nous, au moment de la réoccupation de la colonie par les Français.

Il maintint la tribu pillarde et remuante des Ouled-Ahmed sur la frontière des Trarza, et eut avec les Ouled-Nokhmach quelques démêlés, dont il se tira à son avantage.

A la mort de ce roi, des divisions interminables vinrent affaiblir et presque anéantir la puissance qu'il avait fondée.

La seule règle d'élection du roi, c'est qu'il doit être pris dans les Ouled-Siid, parmi les descendants d'Aghrichi, premier roi qui protégea l'escale de gomme des Brakna, et choisi par la branche des Ouled-Siid, qui porte le nom de El-Ameur-el-Baz.

En même temps qu'Ahmédou, mouraient les chefs de son parti : son frère de père, Mohammed, et son frère de mère, Khoddich, prince très-influent chez les Ouled-Siid ; d'un autre côté, il ne laissait qu'un fils enfant, Sidi-Ely, âgé d'environ huit ans.

On lui nomma pour successeur son cousin Mokhtar-Sidi, en attendant que son fils fût en âge de régner.

Cette espèce de régent, pour se faire un parti et conserver ensuite le pouvoir, rappela les Ouled-Ahmed et flatta les Ouled-Nokhmach, qui lui étaient dévoués les uns et les autres, et avaient formé le parti de l'opposition, sous le règne d'Ahmédou, lequel s'appuyait sur les Ouled-Siid.

Alors ces derniers, mécontents à leur tour, et sous l'inspiration de Ndiak, ministre du feu roi, et de Boubakar-Khoddich, nommèrent un autre roi ; leur choix tomba sur Mohammed-er-Radjel, autre cousin d'Ahmédou.

Il y eut une guerre civile entre les deux partis.

Le gouverneur Bouët se déclara pour Mohammed-er-Radjel, qui était maître de l'escale des gommes. Voyant cela, Mokhtar-Sidi fit couper les routes par ses bandes. Alors le gouverneur le fit appeler, et le roi maure ayant avoué hautement que c'était lui qui avait pillé les caravanes, tiré sur les bateaux et tué les marabouts marchands de gomme, le gouverneur le garda comme prisonnier, et l'envoya au Gabon, où il mourut.

Comme il ne laissait qu'un très-jeune fils, Mohammel-el-Habib, vivant encore aujourd'hui, ses partisans se mirent aux ordres de son neveu, Mohammed-Sidi, qui avait environ quinze ans.

Le roi des Trarza prit parti pour ce dernier et le nomma roi des Brakna. Bientôt le parti de Mohammed-er-Radjel se soumit à Mohammed-Sidi.

Le fils d'Ahmédou, Sidi-Ely, avait été demeurer chez les Trarza avec la sœur de son père, mariée à Ould-el-Eygat, ce frère que Mohammed-el-Habib fit tuer. Bientôt, Mohammed-el-Habib ne trouvant pas assez de soumission chez Mohammed-Sidi, remit Sidi-Ely à la tête de l'ancien parti d'Ahmédou, et le nomma roi.

Depuis lors, et au moyen de ces deux prétendants, qu'il soutint tour à tour, il est le vrai maître des Brakna. Cependant, dans ces derniers temps, le parti des Ouled-Siid, qui s'est rapproché de nous, depuis que nous sommes en guerre avec les Trarza, se fortifie et cherche à se soustraire au pouvoir de Mohammed-el-Habib.

Nous avons dit qu'Ely, fils d'Abd-Allah, était le père de la tribu des Ouled-Ely. Cet Ely eut deux fils, l'un Eyba, et le père de la fraction des El-Eyba, l'autre fraction s'appelle El-Filali.

Le chef des El-Eyba, Mohammed-Ould-Eyba, est le chef le plus influent des environs de Matam, et il annonce, en ce moment, des prétentions à la protection de ce marché de gommes.

Les principales tribus de tributaires guerriers des

princes Brakna, nommées Zénaga, quoique d'origine arabe, sont :

Les Aralinn ;
Les Touabir ;
Les Bassinn ;
Les Ouled-Aïd ;
Les Rahla.

Les principales tribus des tributaires guerriers, d'origine berbère Zénaga, sont :

Les Gueddala ;
Les Chellouha.

Puis viennent les Ahratin ou affranchis de chaque tribu de princes, parmi lesquels on remarque les Ahratin-Tanak.

Les principales tribus de marabouts des Bakna, toutes d'origine berbère, sont :

Les Id-Abou-el-Hassan, tribu très-nombreuse et très-commerçante, dont le chef, El-Aloum, touchait une coutume à l'escale du Coq.

Ce sont eux qui ont fait, les premiers, le commerce des gommes chez les Brakna, comme les Aïdou-el-Hadji (Darmancours) chez les Trarza. Ils se divisent en un grand nombre de fractions :

Id-Eidjba, tribu considérable, riche et commerçante, divisée en beaucoup de fractions ;

Ouled-Abieyri, nombreuse, riche, commerçante, un peu remuante, vit avec les Ouled-Ahmed. Son chef est le cheikh Sidia, le marabout le plus vénéré des bords du Sénégal ;

Taganit, grande et riche tribu ;

Id-Aghzeinbou ;

Tendagha ;

Zaghoura ;

Tagat ;

Toumoddok ;

Lamtouna, ancienne tribu dominante des Berbères Zénaga ;

Daghania ;

El-Ghourba.

Depuis la guerre actuelle, nous avons cherché à rétablir l'indépendance des Brakna vis-à-vis des Trarza. N'ayant pas de parti pris, nous avons d'abord essayé de Mohammed-Sidi, qui était reconnu comme roi par la majorité. Il n'eût pas demandé mieux que de s'entendre avec nous ; mais Mohammed-el-Habib lui donna l'ordre de se mettre en état d'hostilité avec nous, et il ne fut pas en son pouvoir de désobéir. Nous essayâmes alors de Sidi-Ely. Il chercha à se faire reconnaître par tous les Brakna, mais il ne réussit pas à devenir maître des environs de Podor, pour protéger le commerce des gommes. Dans ce moment, il est allié aux Douaïch-Chratit, et son pouvoir semble s'accroître.

Tous les ans, aux basses eaux, les Brakna font des razzias dans le Fouta et dans le Djiolof. Ils dépeuplent complétement ce dernier pays, concurremment avec les Toucouleur du Fouta. Quant à ceux-ci, ils ne supportent pas très-patiemment les razzias des Brakna ; ils cherchent et réussissent quelquefois à en tirer vengeance.

Les chefs des Brakna recherchent assez volontiers l'alliance de chefs puissants du Fouta. Ainsi, El-Imam-Rindiao, chef des Bosséiabé, est l'allié de Sidi-Ely, et surtout d'Ould-Eyba.

Le Toro, au contraire, est généralement du parti de Mohammed-Sidi.

C'est à Podor que les marabouts des Brakna apportent leurs gommes, quand la guerre ne les en empêche pas. Dans ce dernier cas, ils vont à Bakel.

D'après M. Caille, la population des Brakna serait de 63,000 âmes, savoir : 23,000 pour les tribus guerrières, et 40,000 pour les tribus de marabouts. Ils auraient 5,000 fusils.

LES DOUAÏCH.

Le territoire des Douaïch commence sur la rive droite du fleuve, à El-Modinalla, et se prolonge jusque derrière les Guidimakha, mais c'est surtout dans l'intérieur qu'il s'étend. Les Douaïch ne sont pas des riverains du Sénégal comme les Trarza et les Brakna ; ils n'y viennent que pour leur commerce ou pour faire des razzias sur les noirs, mais leurs campements ordinaires sont très-éloignés dans le nord, vers le Tagant qui leur appartient.

Les Douaïch nous présentent encore les mêmes races mélangées, les mêmes mœurs et les mêmes institutions que les Trarza et les Brakna, mais avec une différence essentielle, c'est que la race zénaga, primitivement vaincue et subjuguée chez eux, comme chez leurs voisins, par les descendants des

Arabes Hassan, a repris ensuite le dessus et règne aujourd'hui sur le pays. Toutefois, à cause de la signification que le mot zénaga a prise chez leurs voisins, les princes Douaïch ne s'entendent pas volontiers appliquer ce nom.

Le nom de Douaïch, qui n'est pas un nom générique, mais un sobriquet de circonstance, ne s'applique proprement qu'aux familles de princes et de tributaires guerriers, qui prennent part à leurs guerres civiles.

Depuis une quarantaine d'années, ces Douaïch sont divisés en deux partis ennemis l'un de l'autre ; l'un a pris le sobriquet d'Abakak, parce que, à la suite d'une longue guerre avec l'autre parti, il fut réduit à se nourrir, dans les bois, d'une espèce de gomme, nommée Abakak ; l'autre a pris le nom de Chratit (espèce d'hyène), parce qu'à la suite de cette même guerre, il fut réduit à manger les vieilles peaux de bœufs, comme le font ces animaux.

Les familles de princes du parti Abakak sont :

HEL-RAÇOUL ;
HEL-BAKAR ;
HEL-ALY.

Leurs tributaires guerriers et alliés, de même race qu'eux, sont :

Ouled-Tahla ;
El-Chebli ;
Moitié des El-Adjilat ;
Moitié des Toghda ;
Ouled-Énouachkot.

Les familles de princes du parti Chratit sont :

Hel-Khaiat ;

Hel-Aggiil ;

Hel-Mohammed-Chein.

Leurs tributaires guerriers et alliés, de même race qu'eux, sont :

Dayat :

Idakfonni ;

Moitié des El-Adjilat :

Moitié des Toghda :

Ideichelli ;

Ouled-bou-Lahia.

Cette division des Douaïch en deux partis, et les longues guerres entremêlées d'assassinats qui eurent lieu entre eux, eurent pour cause première les coutumes que nous nous engageâmes à leur payer lors de la construction de Bakel, en 1820.

Comme nous l'avons dit plus haut, les tribus berbères, aujourd'hui désignées sous le nom de Douaïch, étaient autrefois tributaires de diverses tribus arabes, descendant des Beni-Hassan ; ces tribus étaient les Ouled-Embarek, les Ouled-Naceur et des Ouled-Bella.

Vers 1800, Mohammed-ben-Khouna, chef des Douaïch, refusa le tribut. Après lui, Mohammed-Bakar commença la guerre d'indépendance, et Mohammed-Chein la termina et chassa définitivement les Ouled-Embarek du pays occupé aujourd'hui par les Douaïch.

La guerre avec les Ouled-Naceur continua plus longtemps. Quant aux Ouled-Bella, ils ont presque disparu, se sont faits marabouts et habitent la ville de Tychit, dont ils sont maîtres.

En 1819, le fils de Mohammed-Chein, nommé lui-même Mohammed, était roi, lorsqu'on construisit Bakel. Il mourut en laissant six fils.

Son fils aîné, Souid-Ahmed, se prétendant héritier de son père, pour la coutume de Bakel, usurpa le pouvoir à la place de son oncle El-Mokhtar, le prétendant légitime ; mais celui-ci eut une partie de la nation pour lui, et c'est de là que date la division entre les Abakak, parti de Souid-Ahmed, et les Chratit, parti d'El-Mokhtar.

Souid-Ahmed laissa cinq fils : Mohammed, qui lui succéda ; Bakar, qui est roi aujourd'hui, et trois autres.

Après la mort d'El-Mokhtar, Ahmed-el-Mokhtar, son fils, devint le chef de son parti ; et après la mort de ce dernier, ce fut son frère Bakar qui fut assassiné par un Abakak.

Aujourd'hui, c'est Raçoud-Ould-Ely-Ould-Mohammed-Chein qui est à la tête du parti des Chratit.

Il semble, en ce moment, prendre l'avantage sur les Abakak, alliés de Mohammed-el-Habib et de Mohammed-Sidi, tandis que les Chratit sont alliés de Sidi-Ely.

Outre leurs tributaires guerriers, qui se mêlent à leurs guerres civiles, et dont nous avons donné les noms plus haut, les Douaïch ont des tributaires d'un ordre inférieur, qu'ils pressurent le plus qu'ils peuvent.

Ce sont, pour les Abakak, la très-nombreuse

tribu des Ladem, et pour les Chratit, les Machtsouf, aussi très-nombreux et très-riches. Ces derniers ont pris un instant parti pour Al-Hadji.

Enfin viennent les tribus de marabouts, tous d'origine berbère Zénaga, excepté les Kountah, qui sont Arabes.

Ce sont :

Les Kountah, tribu nombreuse de marabouts guerriers, qui habite le pays de Tagant ;

Les Ouled-Sidi-Mahmoud, marabouts guerriers, dont les chefs sont des Aïdou-el-Hadj.

Il y a encore quelques vieillards chez eux qui parlent le berbère, que tous les Douaïch ont oublié depuis longtemps, pour ne faire usage que de l'arabe.

Les Kountah tiennent pour les Abakak, et les Ouled-Sidi-Mahmoud pour les Chratit ; ils se font souvent la guerre entre eux.

Puis viennent les Tajakant ;

Les Torkos, soumis à des tributs ;

Les Tagat ;

Les Idou-Aly ;

Les Idabou-Lhas ;

Les Aghlal (Arlal), très-nombreux ;

Les Ideyboussat ;

Les Messouma (Messoufa) ;

Et les Lamtouna.

Ces derniers parlent encore le berbère zénaga ; on sait qu'ils ont été la tribu la plus puissante de cette race, dans le moyen âge. Ils disent que les princes

Douaïch sont leurs parents, ce qui prouve bien l'origine berbère de ceux-ci.

Les Douaïch guerriers font des razzias sur le Gadiaga, le Damga, le Bondou et le Bambouk.

C'est avec Bakel que les Douaïch font leur commerce. Tous leurs marabouts recueillent et apportent des gommes. Ils vendent aussi beaucoup de bœufs, de moutons, du beurre très-estimé et de beaux chevaux. Les populations soumises à Al-Hadji leur font la guerre, pour les empêcher de commercer avec nous.

Nous n'avons aucune espèce de données pour évaluer la population des Douaïch; elle doit être au moins aussi considérable que celle des Trarza et des Brakna. Les Douaïch ont la réputation d'être bons guerriers, et surtout bons cavaliers; ils entretiennent des relations avec toutes les peuplades du Sahara occidental jusqu'au Maroc.

Les Ouled-Embarek, les Ouled-en-Naceur, les Askeur, les Ouled-el-Ghouizi, les Ouled-Yaya-ben-Othman.

A l'est des Douaïch et en face du Kaméra, du Khasso et du Kaarta, se trouvent d'autres tribus maures, dont quelques-unes entretiennent quelques relations avec notre colonie du Sénégal.

Les Ouled-Embarek forment une puissante tribu arabe, autrefois dominatrice des Douaïch, et aujourd'hui leur rivale.

Ce sont aussi des Beni-Hassan, frères des Trarza et des Brakna, car leur auteur, Embark, était le frère de Haddadj, père de Terrouz et de Berkani.

Une des principales fractions des Ouled-Embarek est celle des Ely-Ould-Ahmar, maîtres du Bakhounou, habitée par les noirs, et nommée, par les voyageurs et géographes, Ludamar (Ely-Ould-Ahmar).

Les Ouled-Embarek font payer tribut aux Bambara du Kaarta.

Les Ouled-en-Naceur sont une fraction des Ouled-Embarek, aujourd'hui séparée et indépendante. Ils ne s'approchent jamais du fleuve, et n'ont d'importance pour nous que par les guerres qu'ils peuvent faire et font souvent aux Douaïch.

La tribu des Askeur ne fait pas partie des Ouled-Embarek, mais ils sont aussi Beni-Hassan d'origine, descendant de Dey-Ben-Hassan. Ils sont assez nombreux et guerriers. Ils sont quelquefois en guerre avec les Douaïch et les Ouled-en-Naceur.

Ils s'approchent du Sénégal à hauteur de Makhana, font payer tribut à certains villages des Guidimakha, et leur chef percevait de nous une coutume pour Makhana.

Leur chef actuel est Bou-Sif-ould-Sidi-Ahmed.

Les Askeur commandent aux El-Ghouizi, ancienne fraction séparée des Ouled-Embarek. Ils font, les uns et les autres, des courses dans le Bambouk, et sont alliés du Khasso, dont ils épousent les filles.

Les Ouled-Yaya-Ben-Othman forment une tribu indépendante, descendant aussi des Beni-Hassan, et habitant au nord-est des Trarza dans l'Adrar, dont elle est maîtresse. L'Adrar renferme des oasis, dont les principales sont Ouadan et Chinguéti, habitées par des marabouts révérés de la tribu berbère Zénaga, des Aïdou-el-Hadj.

Les Yaya-ben-Othman, moins puissants que les Trarza, sont très-riches, par leur commerce avec le Maroc.

Leurs cheikhs s'appellent Ould-Aïda, du nom de leur ancêtre Aïda. Quand les princes mécontents des Trarza (Khandoussa) ne sont pas les plus forts chez eux, ils se réfugient dans l'Adrar, et alors les Yaya-ben-Othman sont des ennemis redoutables pour Mohammed-el-Habib.

La guerre entre eux a duré longtemps, avec des chances diverses de part et d'autre. En 1854, Mohammed-el-Habib tua Ould-Aïda en trahison, et quelque temps après, la guerre des Trarza avec nous ayant éclaté, le roi des Trarza, qui ne pouvait tenir tête de tous les côtés, endoctrina le nouveau cheikh des Yaya-ben-Othman (fils du précédent), et fit des concessions aux Khandoussa, qui rentrèrent dans leur pays.

Nous avons passé en revue tous les États avec lesquels notre colonie du Sénégal entretient des relations plus ou moins amicales. Les populations de ces États sont toutes guerrières et turbulentes. Deux ennemis sont surtout à craindre pour nous : chez les Maures, le roi des Trarza, avec son orgueil ; chez les noirs, Al-Hadji-Oumar, avec le fanatisme musul-

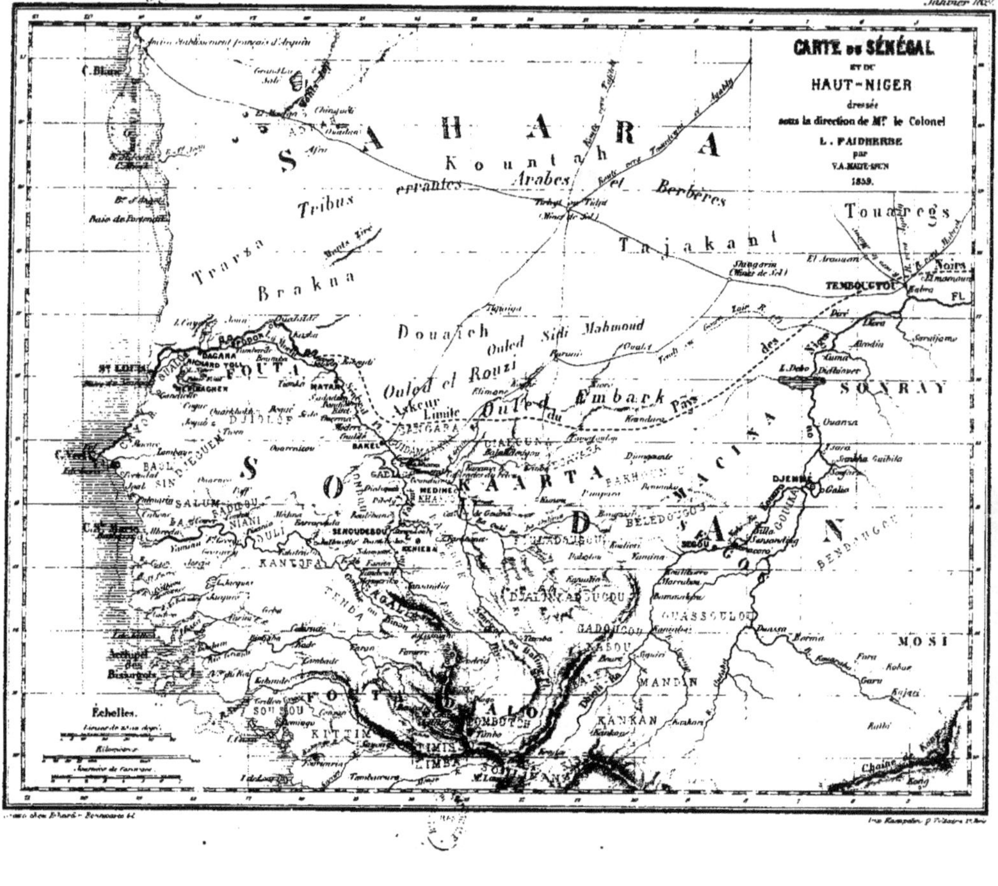

CARTE DU SÉNÉGAL ET DU HAUT-NIGER

dressée sous la direction de Mr le Colonel

L. FAIDHERBE

par

V.A. MALTE-BRUN

1859.

SAHARA

Kountah

Arabes et Berbères

Tribus errantes

Touaregs

Tajakant

Trarza

Brakna

Douaïch

Ouled Sidi Mahmoud

Ouled el Rouzi

Ouled Embark

Noirs

TEMBOUCTOU

SONRAY

MACINA

SOUDAN

KAARTA

FOUTA

DJIOLOF

BAOL

SALUM

BELEDOUGOU

BENDOUGOU

OUASSOULO

MANDING

KANKAN

MOSI

FOUTA DIALLO

C. Blanc

St LOUIS

C. Vert

C. Ste Marie

Archipel des Bissagos

Échelles.

man qu'il cherche à éveiller partout contre nous.

Déjà l'un et l'autre ont maintes fois éprouvé les effets de notre puissance, et ils sont réduits aux abois. Tout doit donc nous faire espérer, dans un délai prochain, un succès complet et une paix fructueuse.

Nos intentions sont pures et généreuses, notre cause est juste : le succès nous est dû.

Nous avons dit, page 8, que l'importance du commerce du Sénégal est d'environ 12 millions de francs ; celle du commerce de Gorée s'élève à près de 10 millions, et comme, outre cela, beaucoup de navires s'expédient directement de France pour la côte occidentale d'Afrique, nous croyons que l'importance du commerce total de la France sur cette côte s'approche annuellement de 30 millions de francs. Or ce chiffre ne peut et ne fait qu'augmenter ; aussi nos possessions sur la côte occidentale d'Afrique sont peut-être, de toutes nos colonies, celles qui ont le plus d'avenir, et elles méritent toute l'attention et toute la bienveillance du gouvernement.

TABLE DES MATIÈRES

Paris.—Imprimé par E. Thunot et Cᵉ, 26, rue Racine, près de l'Odéon.

www.ingramcontent.com/pod-product-compliance
Lightning Source LLC
Chambersburg PA
CBHW052155090426
42741CB00010B/2285

* 9 7 8 2 0 1 2 5 9 2 0 3 2 *